怪のリディム

劔樹人

扶桑社

目次

第三章 「あの人」の怪奇

第三章

Bonus Track 新作怪談

Bonus Track

第一章

「世田谷の家」の怪奇

かつて住んでいた「世田谷の一軒家」にまつわる怪奇現象。やがてその怪異は家を越え、関わる人々の周辺にまで影響を及ぼすようになるのだった――。

第一章

第1話

雑司ヶ谷霊園にて

第1話

2010年の夏、私は
神聖かまってちゃんのメンバー、
ちばぎんとmonoくんと
心霊スポットでUstreamの
動画配信をすることになった
APE

当時神聖かまってちゃんは
動画配信に力を入れており
オカルト好きマネージャーである
私は配信場所のアイデアを
求められたのだ

配信する以上、Wi-Fiが
しっかりつながる場所で
なくてはならないので、
私は雑司ヶ谷霊園を提案した
ここは『怪談新耳袋』にも
取り上げられており、
怪奇現象の体験談が多い

車で到着すると、広大な夜の霊園
はかなり不気味で
極度の怖がりであるmonoくんは
早速及び腰になった
わっ
うわ、びっくりした
先祖代々
開始早々、告知で場所を
特定したファンが乱入し
グダグダな雰囲気に
池袋だと思ったんすよねー
本物だー
視聴者が白けだし、
企画は失敗したかと思われた
俺、怖くてもう無理なんでここでこいつらとしゃべってます
じゃあ僕たち2人で霊園の奥まで行ってくるか

広い霊園で迷わないように、私とちばぎんは入口から一本道を選んでまっすぐ進むことにした
不思議なことに、霊園に一歩足を踏み入れると急に「電波が悪い」というコメントが殺到する
おかしいな、こっちのWi-Fiは問題ないんだけどな
急にカクカクになった
mayuchan
お墓電波悪すぎ
コメント重い
yukio
カクカクしてる
ひたすらまっすぐ進むと大きな墓石の前で行き止まりになった
そこはちょうど開けた場所になっていたので私たちはシートを敷き
「真っ暗でなにも見えない」？仕方ないだろ
やばい、すごい蚊が多い
買ってきたお弁当を食べつつなにか起こるのを待つことにした

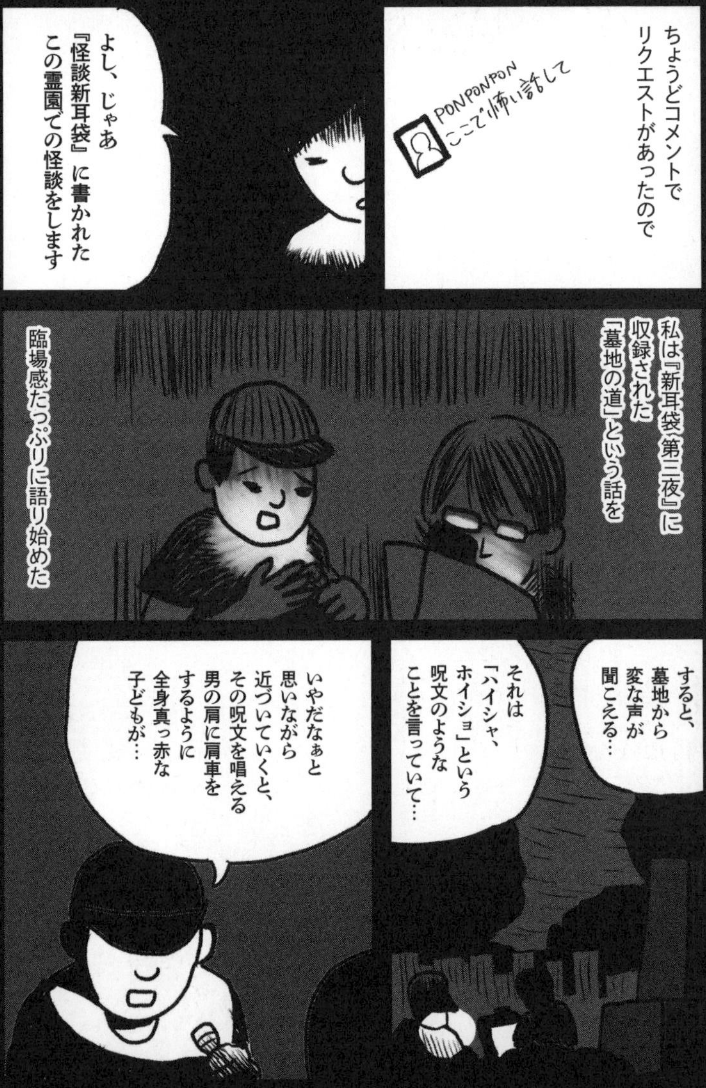
ちょうどコメントでリクエストがあったので
PONPONPON
ここで怖い話して
よし、じゃあ『怪談新耳袋』に書かれたこの霊園での怪談をします
私は『新耳袋 第三夜』に収録された「墓地の道」という話を
臨場感たっぷりに語り始めた
すると、墓地から変な声が聞こえる…
それは「ハイシャ、ホイショ」という呪文のようなことを言っていて…
いやだなぁと思いながら近づいていくと、その呪文を唱える男の肩に肩車をするように全身真っ赤な子どもが…

メアアアアア…
南無
え、なに…猫？
いや、猫じゃないっすね…

それは背筋がゾッとするような
気味の悪いうめき声で
ウワァァァァァ
私たちは慌てて
荷物をまとめて逃げ出した
ハァ
ハァ
ハァ
!!
なんで!?
まっすぐ来た
だけだったよね?
道を間違える
わけないですよ…
間違えないように一本道を選んだのに、
なぜか行き止まりに
たどり着いてしまったのだ

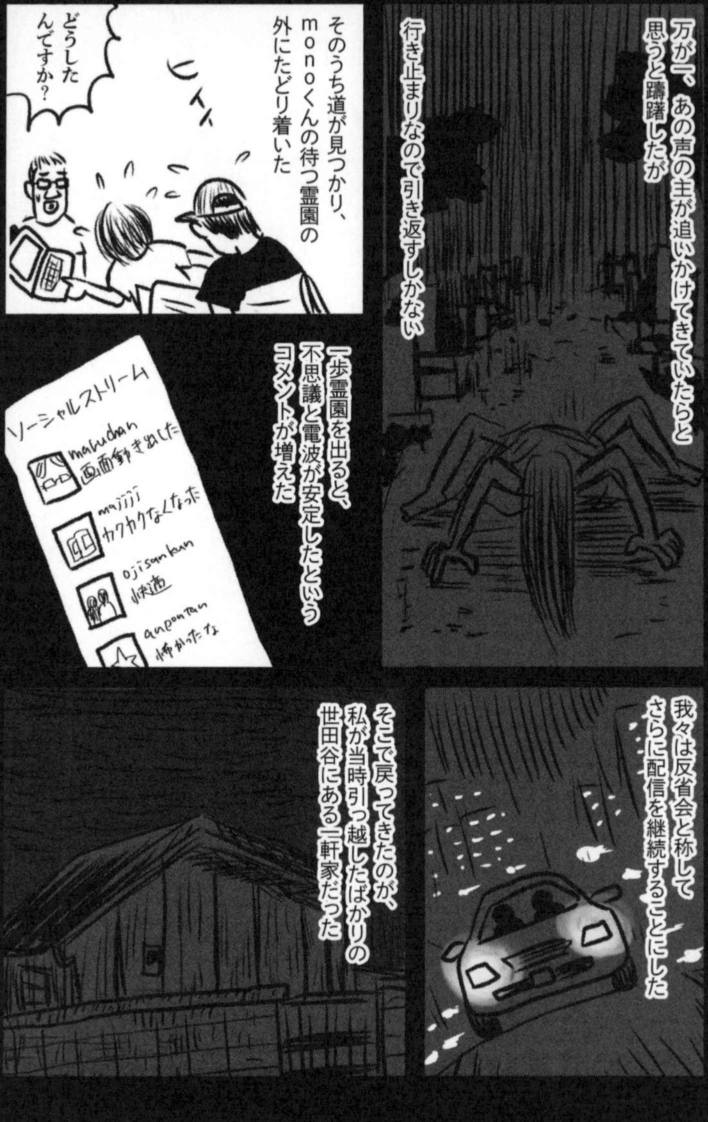
万が一、あの声の主が追いかけてきていたらと
思うと躊躇したが
行き止まりなので引き返すしかない
そのうち道が見つかり、
monoくんの待つ霊園の
外にたどり着いた
ヒイィ
どうした
んですか？
一歩霊園を出ると、
不思議と電波が安定したという
コメントが増えた
ソーシャルストリーム
matudan
画面動き出した
majjjj
カクカクなくなった
ojisankun
快適
anpontan
怖かったな
我々は反省会と称して
さらに配信を継続することにした
そこで戻ってきたのが、
私が当時引っ越したばかりの
世田谷にある一軒家だった

あ、そうだ
お守りのために
塩持ってたん
だった
そこのゴミ袋に
捨てちゃって
ムギュ
いざ配信の続きを
始めると
また変なコメントが
続出する
その部屋おかしいよ
劔さんの家ですか!?
いろいろ見えます
なんでそんな
ヤバいとこに住んでる!?
天井に顔が
ただ、「視聴者が空気を
読んでいるだけかも」と
そのときはまったく気にしなかった

翌朝
DUB
仕事に行こうと
家を出ると
ガチャリ
えっ
ゴミ袋から
塩を包んだ紙だけが
引っ張り出され
人が撒いたかのように
玄関先に
塩が散らばっていた

カラスの仕業?
気持ち悪いな
昨夜、そして朝のことを
ずっと考えてしまい
仕事が手につかずにいたが
昨晩の配信を、
アーカイブ機能で録画
していたことを思い出した
あっ!
画面は暗くて
ほとんど
見えないが
あの気味の悪い声は
入っているかもしれない
すると、墓地から
変な声が聞こえる…
それは「ハイシャ、
ホイショ」という
呪文のような…

いやだなあと
思いなが
ハァハァ…
なんで、まっすぐ
来ただけ…
タタ
ガサッ
ガサッ
あれ？
録画されたアーカイブは
いやだなあと
思いなが
00:27:51 /00:42:09
ちょうど例の声が聞こえた前後の
1分ほどだけ、切り取られたかの
ように録画できていなかった
ハァハァ…
なんで、
まっすぐ来ただけ…
タタ
ガサッ
ガサッ
00:29:02/00:42:09
パッ
電波が悪くて動画が
途切れるのではなく、
動画のなかで時間が飛んでいる…
経験したことがないものだった
このアーカイブはUstreamの
終了とともに消えてしまって、
今はもうない

雑司ヶ谷での出来事との関連はわからないが
私が住む世田谷の一軒家ではそれから不思議な出来事がたびたび起こるのだった

tsurugimikito 【追記】
皆さん、初めまして。私は、バンドをやりながら漫画を描いている劔樹人という者です。
大学生の頃からバイトをしながらバンド活動をしていたのですが、どうせなら仕事もなるべく音楽に携わるものにしたいと思い、2009 年にネットで見つけ、このバンドは絶対に人気者になる！ と思った「神聖かまってちゃん」というバンドに声をかけ、マネージャーとしての仕事を始めました。
神聖かまってちゃんは、インターネット配信を駆使したバンドの先駆けであり、今でいう YouTuber のような活動を 2000 年代から行っていました。マネージャーである私も登場人物の一人として、名前が知られるきっかけになりました。
中心人物であるボーカル・の子は、とにかくネットで話題になることを日々考えていて、現在の迷惑系 YouTuber のパイオニアみたいなところもあったと思います（笑）。メンバーたちも私も、の子の要求に応えて、よく身体を張っていましたね…。この話はそのときに体験したものです。
よく心霊は電気系統に影響するなんていう話もありますが、このときはまさにそれを実感しました。配信をするために都心の心霊スポットを選んだというのに、PC を持って霊園に一歩入ると、電波が極端に弱くなるのです。しかも生放送しているこっちは問題ないのに、視聴者の方に影響するという。気味の悪い声の部分だけがまるで編集したかのように録画されていなかったのも不思議です。体験した私にとっては画期的な怪奇現象の証拠映像だったのですが、真っ暗な画面が地味すぎてまったく話題になりませんでした（笑）。ありがとうございました。

第2話 追い越し車線

2010年、私は
「神聖かまってちゃん」というバンドの
マネージャーをしていた
TRC
これは、あるスタジオで
レコーディングをしていた日のこと
その日はギターの
作業をしていて
ほかのメンバーと私は、
ロビーで待っているだけの
時間が続いていた
最近なんか
面白いこと
ありました?
劔さん
ハァー

と、ベースのちばぎんから唐突な質問をされた
面白いこと？別にないけど
俺、ありましたよ今日の朝
幽霊見たんですよ

千葉在住であるメンバーたちはレコーディング期間は都内に宿泊しており
その朝も宿泊先から向かっていた
ブオオオオン
運転していたちばぎんはなんとなく
隣の車線を追い抜いていこうとする車が目に入ったという
…！！！

その車には、後部座席から
身体が生えているような
ありえない角度で窓に張りついて
こちらを見ている女が
いたと言うのである

怖い！
なにそれ？
本当にいたの？
お前、
そのとき
そんなこと
言わなかった
じゃん
俺もそのときは
怖くて
言い出せ
なかったんだよ
そのときである
その日は体調が悪いと
ソファで寝ていた
ドラムのみさこが
ン、ア、アアアー～
ンアーア
アア～ア～ア～

眠っているはずのみさこが
突然奇妙なうめき声を
上げ始めた
ンァ〜ァ〜
ヒ〜ァ〜〜
なんだ
こいつ、
気持ち悪い
寝言だなぁ
ふぁぁ
ムク!
今、金縛りに
あってて
助けてって
叫んだつもりが
あんな声しか
出なくて…
みさこは顔色も悪かったので
宿泊先へ帰らせることにした
今日は
やることないし、
送るから帰って
寝たら?
そうしてまた
待つだけの時間を
過ごしていると
はい
もしもし

…え？
だれもそっち行ってないけど
剱さん、みさこさんがだれかこっちに来てないかって…
宿泊先に帰ったみさこが寝ていると
ピーンポーン
ピーンポーン
えっ だれ…？
ピーンポーン

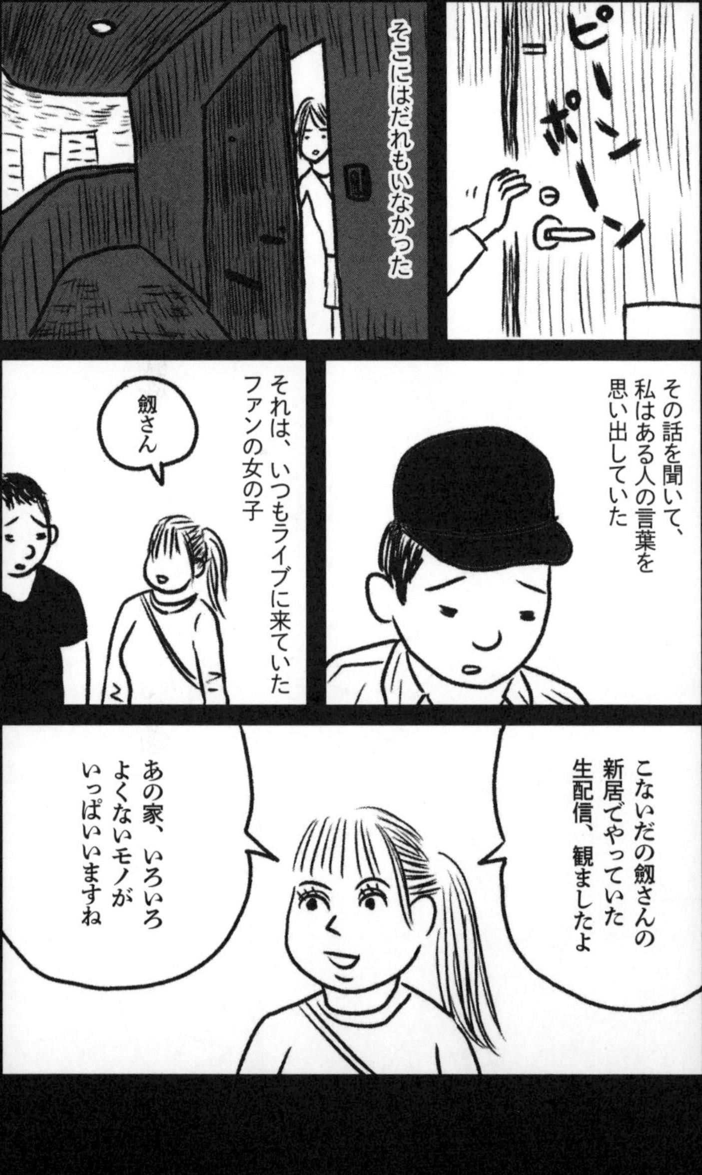
ピーンポーン
そこにはだれもいなかった
その話を聞いて、私はある人の言葉を思い出していた
それは、いつもライブに来ていたファンの女の子
劔さん
こないだの劔さんの新居でやっていた生配信、観ましたよ
あの家、いろいろよくないモノがいっぱいいますね

…え？なに、それは幽霊的な…？
ちなみにそれ
僕はどうしたらいいの？
とりあえず、あの部屋にみさこさんだけは絶対に入れないでください
ついてきちゃいます
え…！
そんなこと言われてもバンドのメンバー、全員もう何度もうちに来てるから手遅れなんだわ…！

その当時、私の周囲では
不気味な出来事が
次々と起こった
それらはすべて、
私がその年引っ越した
「世田谷の一軒家」に
関係があったように思う
みさこさんだけは
絶対に入れないで
ください
ついてきちゃいます

その日の朝、ちばぎんが見た女は
「世田谷の一軒家」からずっと
みさこについてきたモノだったのだろうか

tsurugimikito 【追記】
自分が見聞きした怖い話を、こうして本にまでしておきながら、私は基本的に「世の中の心霊体験は大体、気のせい」だと思っています。脳の誤作動か、勘違いまたは偶然か、科学的に説明がついてしまうことがほとんどで、あとは大体が作り話ではないでしょうか。それでも私が「実話怪談」というジャンルが好きなのは、そんななかでも、どうしても説明のつかないような不思議な出来事がたまにあるからです。そして、自分でもそういうものを何度か体験してしまったことが、漫画にしてみたいと思ったきっかけです。
このときの体験も、ちばぎんの突然の告白に端を発し、その日のうちにみさこに起こる不穏な出来事、そしてわが家で次々と起こる怪異へ点が線で繋がってゆく感じが偶然とは思えないほど華麗で、「こんな作り話みたいなことが起こるなんて！」と興奮しました。とはいえ、私はいい歳して怖がりな方だと思います。心霊スポットに一人で行くとか、廃屋に一人泊まるとか絶対に無理です。10 年くらい前、ギンティ小林さんにお誘いを受けて何度か心霊スポットロケに同行しましたが、怖すぎて何も面白いことができませんでしたので、もうそういう無茶はやめておきたいなと思っています。ありがとうございました。

henshu_hosoku
ちなみにギンティ小林さんとは、心霊スポット取材で有名なライターさんです。『ばちあたり怪談』（二見書房刊）が6月に出ましたので、ぜひ。

第3話
苗谷の一軒家

第3話

2010年の春、私は世田谷某所の
平屋の一軒家に引っ越した
家賃は2DKで10万円
当時の収入としてはやや高かったが、
下北沢でレコーディングする
バンドメンバーや地方から来る
友人を泊めたりしたいと思って
決めた
浴室
DK
トイレ
洋
和
神聖かまってちゃんの
マネージャーになり、
会社もつくったばかりの私は
仕事に燃えていたのだ
閑静な住宅地にあったその家は
昭和を感じる古いたたずまいで、
室内は綺麗にリフォームされていたものの
どこか日本家屋特有の陰気な雰囲気が
漂っていた
とはいえ、なにか変なことが
起こるわけでもなく

時々、閉めたつもりの窓が
開いているような気がしたが
盗られるようなものもないので、
以前から鍵のかけ忘れが多かった私は
気のせいだと思っていた
初夏のある日、
友人のベーシスト、
タカ吉田が遊びに来た
つるさん
引っ越し祝い
しましょ
他愛もない話をして
その夜は和室で雑魚寝をした

早朝目覚めると、
すりガラスの向こうの台所で
タカがタバコを吸っているのが
見えた
ゴロリ
……
グ
グ
んっ
ハッ
あれ、タカ?

1時間ほど寝て目を覚ますと
まだタカは台所でタバコを
吸っている
こっちはエアコンが効いて涼しいのに
なぜわざわざ暑い台所にいるんだろう?
と少し疑問に思った
じゃあまた
朝になって、
タカは普通に帰っていった
それから半年が過ぎ
年が明けた1月、
私はタカと食事に行くことになった
おー、つるさん
久しぶりっすね

そういえば
まだあの家って
住んでます?
え?
なんで?
もちろん、
まだ1年も
住んでないし
そうですか…
いや、実は夏に泊まりに行った
ときなんですけど
僕、つるさんちで
変なモノ見たんですよ
え…
変なモノ?
あの夜、ふと目が覚めたら
…
視界の隅で
なにか動いているのが見えて

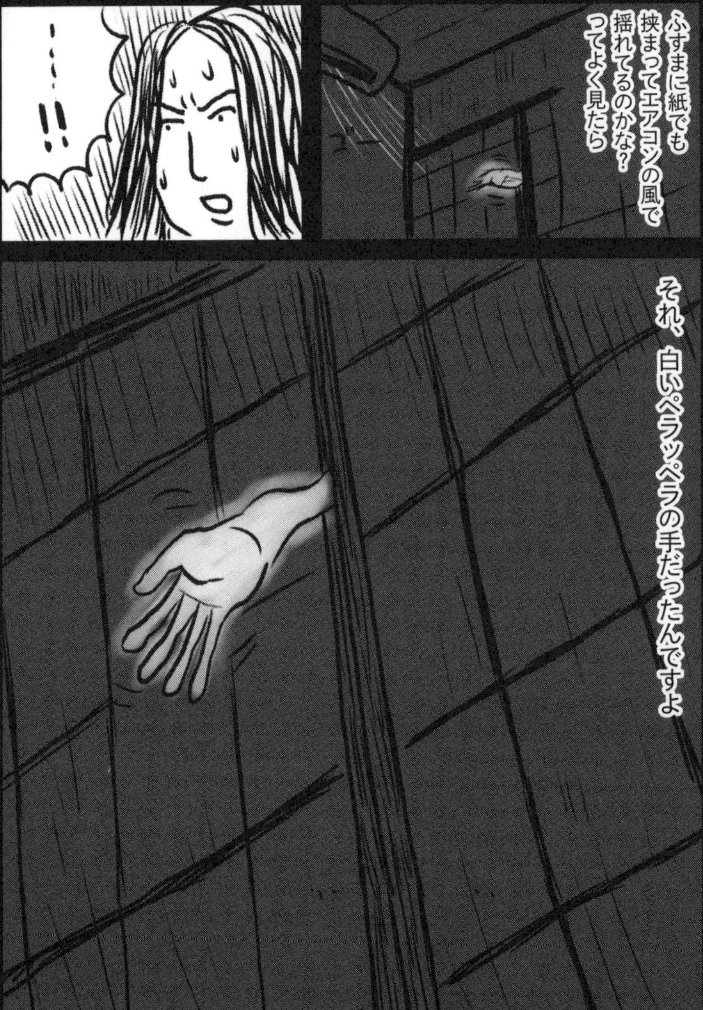
ふすまに紙でも
挟まってエアコンの風で
揺れてるのかな？
ってよく見たら
ゴー
…‥!!
それ、白いペラッペラの手だったんですよ

なんと、タカはその手が
あまりにも恐ろしくて、
夜明け前から5時間も
台所で寝ずに過ごしていた
というのである
当然、それを聞いた私は
家に帰りたくなくなり、
高円寺の会社に泊まることにした
その翌日も
あれ、劔くん
今日も泊まるの？
やっぱこの件は
Twitterに
書いてネタに
するしかない
劔 樹人
@tsurugimikito
昨日は久々にタカ吉田さんに会ったのですが、吉田くんは前にうちに来て、怖い体験をしていたらしい。寝てる部屋の隣の荷物部屋から、おじいさんの手が出てひらひらしてたんだって。
3:23 2011/01/06 TwitBird

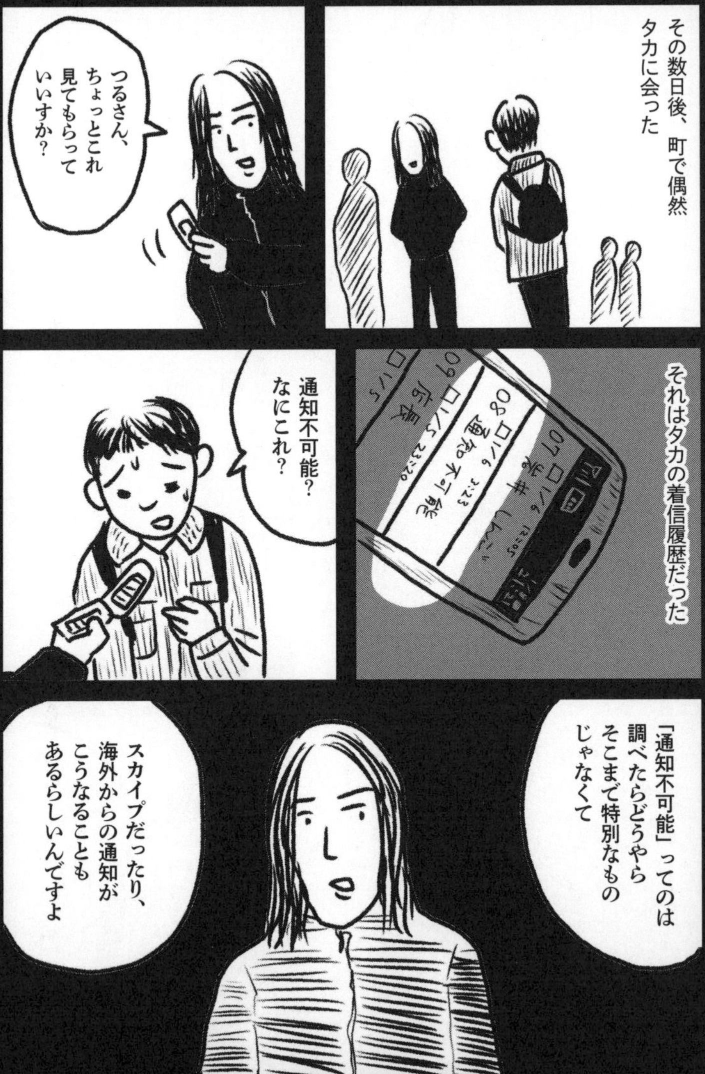
その数日後、町で偶然
タカに会った
つるさん、ちょっとこれ見てもらっていいすか？
それはタカの着信履歴だった
通知不可能？なにこれ？
「通知不可能」ってのは調べたらどうやらそこまで特別なものじゃなくて
スカイプだったり、海外からの通知がこうなることもあるらしいんですよ

ただ、奇妙なのは…
ちょっとつるさん、自分のTwitter見てもらっていいすか?
え、まさか…
昨日は久々にタカ吉田さん
たのですが、吉田くんは前に
に来て、怖い体験をしていた
い。寝てる部屋の隣の
から、おじいさんの手が出て
してたんだって。
3:23 2011/01/06

私が真夜中にTwitterにこの話を投稿した、
まさにそのとき、何者かがタカに電話をかけている
まるで、「お前、喋ったな」と警告するように

ちなみに俺、その時間
カラオケ屋で夜勤だったんで
電話取れなかったんですけど、
もし取っていたら…
一体、
どうなっていたんでしょうね
それ以降、私は会社で寝泊まりを繰り返し、
その家にはほとんど帰らなくなったのであった

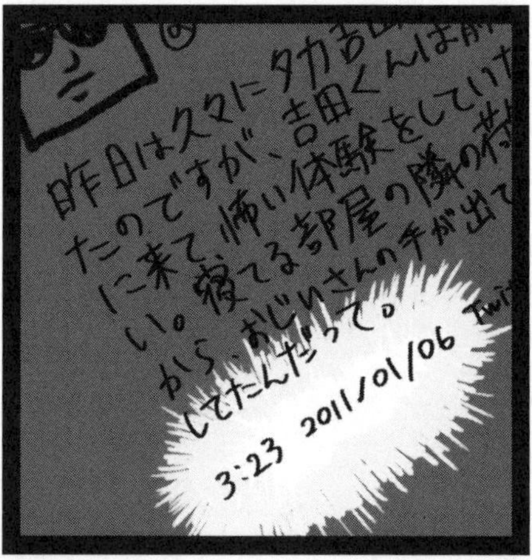

tsurugimikito 【追記】
この話は、私のこれまでの体験（と言っても見たのはタカですが）でいちばん強烈だったものです。これをネットに発表したときは怖すぎてめちゃくちゃバズっちゃうんじゃないかと心配しましたが、とくにそんなことはありませんでした（笑）。
よく「霊は電気に影響する」と言いますが、この話では、霊があろうことか docomo の電波を使ってきます。じつは、タカが「通知不可能」の着信で脅されたあと、私は阿佐ヶ谷 LOFT-A のイベントでこの話を語ったことがあります。それはニコ生か Ustream かで配信されていたんですが、突然放送に「キャーッ」という女性の叫び声が入った瞬間があったそうです。もちろんイベント会場では、なにも聴こえませんでした。その瞬間、「今の声、なに?」というコメントが一斉に押し寄せて、背筋が凍りつきました。
そんな後日談も含め、脚色なしでこの体験は、なかなかないレベルの怖さじゃないかと思っています。まあ、自分の恐怖体験を自画自賛というのもどうかと思いますが（笑）、もっと怪談ファンに知られてもいいんじゃないかと思うんですよね。私の力ではどうにもならないので、怪談界隈で影響力のあるどなたかにいつでも差し上げます。ぜひ、語ったり書いたりして広めていただけないかと本気で思っています。ありがとうございました。

第4話

変わってしまった友達

第4話

2010年の夏、その日私は
レコーディングエンジニアの
池田さんとスタジオに
残っていた
池田さんの作業を待つ間、
『怪談新耳袋』の特典映像だった、
ギンティ小林さんたちが
京都「Kホテル」に
突撃する映像を観ていると
ヒョイ
あーここ、
知ってるよ
笠置の廃ホテルでしょ
え?
なんで?
地元なんだよ
高校生のとき、
肝試しで行った
こともあるよ

ここ、『新耳袋』の動画でもいちばん怖いんですよ…なにかありませんでしたか？
あー…なにかあったっていうか…
人間が変わってしまった友達はいたかな
偶然、池田さんから聞いた体験談
〝K観光ホテル〟こと、笠置の廃ホテルは地元の若者には定番の肝試しスポットだったという

高校生だった池田さんも訪れたが
とくになにごともなく…
ただ後日
友人の1人がこんなことを言い出したという
おい、現像したら女の霊が写ってた！
なんやねん！なんもないやん
いや、ほらここやってここ！女がいる！
だからわからへんて
結局、彼の言う「女」は池田さんたちにはわからず、廃ホテルの話はそれで終わっていた

それからほんの数日後
その友人と
池田さんの下校途中で
うわ、
事故ちゃうか
すごい野次馬やん
なんも見えへん
ガヤ
ガヤ
ガヤ
あ…

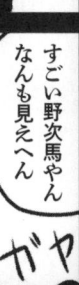

俺、見たらあかんもの見たかもしらん
……!!!
と、そのときもそれだけだったのだが

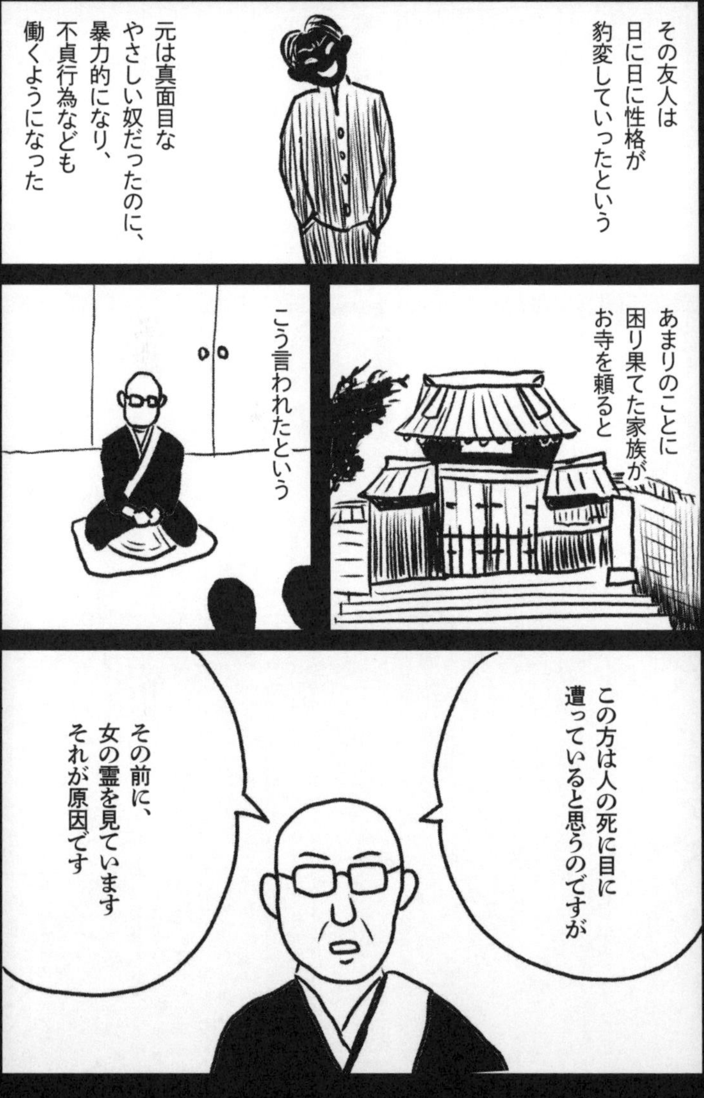
その友人は
日に日に性格が
豹変していったという
元は真面目な
やさしい奴だったのに、
暴力的になり、
不貞行為なども
働くようになった
あまりのことに
困り果てた家族が
お寺を頼ると
こう言われたという
この方は人の死に目に
遭っていると思うのですが
その前に、
女の霊を見ています
それが原因です

その話を聞いた池田さんはすぐにピンときた
事故現場を見る前に、廃ホテルの写真に女が写ってるって…
原因はわかったけど、解決はできなかったんですか？
そうだろうね
あいつがどうなったのかはもうわかんないいな
有名な心霊スポットに行ったところで99％はなにも起こらない。しかし、残りの1％で理解できないことが起こってしまったとき、
それはもしかすると、取り返しのつかないことになるかもしれない

tsurugimikito 【追記】

2010 年当時、不穏な世田谷の自宅で怪奇現象に大絶賛見舞われている最中だったので、私は人生で最もオカルトに熱中していました。そんなとき、たまたまネットで見ていた心霊スポットで心霊体験をしたという人が、偶然すぐ近くにいるというミラクルが起きたのがこの話です。
この場所はタレントの北野誠さんが「本物の心霊映像」としてテレビで取り上げ、ギンティ小林さんたちも「怪談新耳袋 殴り込み！」シリーズで最も不可解な映像を撮った所です。私の中で、ここが圧倒的撮れ高があるスポットだということは、池田さんの話で確信に変わりました。絶対に遊び半分で行ってはいけない場所ですので、皆さんご注意ください。ちなみに、その後池田さんに、「なにかスタジオで変なことはありませんでしたか?」と聞いたら、「そういえばニガミ 17 才のレコーディング中に気持ち悪いことあったな…」と仰っていたので、今度聞きに行こうと思います。池田さんは梅ヶ丘で hmc studio というレコーディングスタジオをやっています。ありがとうございました。

第5話

カラオケボックス

第5話

今から15年ほど前、
私の友人でベーシストのタカ吉田は
五反田にあったカラオケ店で
深夜バイトを始めた
カラオケ
居酒屋
カラオケ
受付
店長からレジ業務を
教えてもらっているときだったという
スッ
?

ポーン
受付に立ち寄ることなく
エレベーターに乗っていった
着物姿の小柄な女性を、
タカは「待ち合わせかな?」と
思ったという
店長、今のって…
吉田くん
あ、はい

あれ、
何階で止まるか
よく見といて
あ…7階みたい
ですけど
オッケー、
じゃあ
レジ操作の
続きだけど…
ポーン
先ほどの女性がまた、
受付に寄ることなく
駆け抜けていったという
タタタタタタ…

タカにはその顔が
一瞬だけ見えた
ゾクッ…
吉田くん、7階に
行ってきてくれないか
え、はい…
なんなんだ、
あれ…
7階へ上がったタカは
言葉を失った

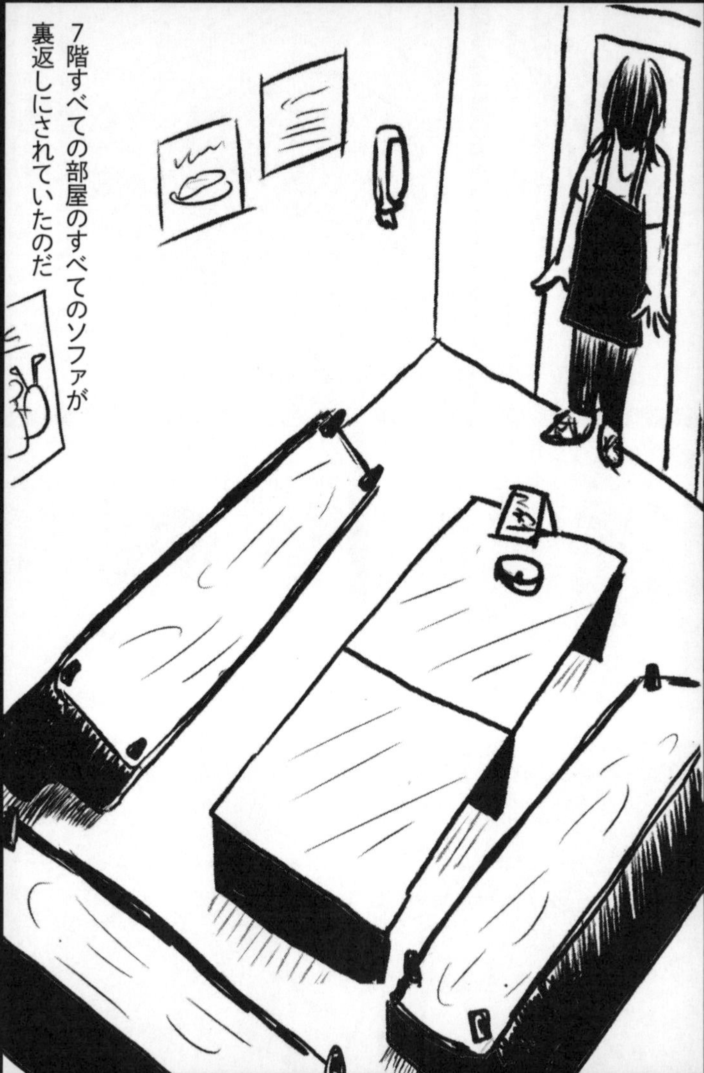
7階すべての部屋のすべてのソファが
裏返しにされていたのだ

て、店長、
これは一体…
あいつが来ると
いつもこうなる
から、
覚えておいて
その後、
タカがそれに出会う
ことはなかったが
自分のいない日に一度、
あれが来たと思しき
申し送りがあったという
事項
異状なし
異状なし
5Fのいすが裏返されたので
直しました
異状なし
カラオケ
あんな小柄な女性が
一瞬でできる
芸当ではない、と
タカは語る
今、そのカラオケ店は
もうなくなっている

tsurugimikito 【追記】

この女性が、「街で有名なちょっと変わった人」的なものだとすると、ただの変わった人の理解できない行動、で話がついてしまうでしょう。怪談では「ヒトコワ」というジャンルも人気ですが、無知だった一昔前は怖く感じた話も、現代では「その行動は多分、精神疾患を抱えた人だな…」と理解できることも増えてきて、私はそれは今、エンタメとして楽しむ「怖い話」としてやってはいけないことだと思っています。
その点この話は、数部屋あるワンフロアのソファーを超人的スピードで裏返すスキル、そして店長がなにか知ってそうであえて放置している不穏さなど、"人ならざるもの度" があまりにも高く、彼女が通り過ぎるときに感じた背筋が凍るような雰囲気も、只事ではなかったとタカは言います。そういう意味で、私がこれまでに聞いた恐怖体験談の中でもすごく好きな話です。
ちなみに、あまりに座敷童ライクな「おかっぱ頭に着物姿」というビジュアルがいかにもという感じがするのですが、当時は椎名林檎さんがちょうどこういうスタイリングをしていたときだったので、タカは椎名さんのファンかなにかなのかな、と思ったらしいです。
タカは CLISMS というバンドで活動したベーシストで、初期の大森靖子さんのアルバムでも彼の演奏を聴くことができます。現在は料理人として新宿ルミネエストのベトナム料理店「フォーハノイ屋台 33」など何店舗かで調理責任者をしています。ぜひ今度は、ルミネのワンフロアの椅子全部いっちゃう強力な妖怪に出会ってほしいです。ありがとうございました。

henshu_hosoku

よく、「本当に怖いのは霊よりも生きている人間」と言いますが「ヒトコワ」とはそういうジャンルですね。読者の皆さんは霊と人間、どちらの方が怖いと思いますか?

第二章

「あの頃」の怪奇

子ども時代に見た幽霊…よくあるそれは記憶の間違いだろうか？
子ども時代を経て、大学時代、アルバイト時代、バンド活動をしていた若き日々に、私の周りで起こった数々の怪異たち。

第二章

第6話 渡り廊下の看護師

第6話

高校生のときに、
友人のS君から
聞いた話
小学校低学年のとき、
彼は骨折で入院したことが
あった
ある晩、寝ていると
…
ふと目が覚めて、
なんとなく窓の外を見た

すると、同じ階の薄暗い渡り廊下を
2人の看護師が歩いているのが見えた
S君はなんとなく
それを眺めていたという
また次の晩
夜中、目が覚めると、
やけに窓の外が
気になって仕方ない

そこには、やはり薄暗い
渡り廊下を歩く
2人の看護師の姿があった
続けて同じものを見て
不思議な気もしたが
看護師さんの見回りは
そういうものかと
思って納得した
そしてまた次の晩
今度はトイレに行きたくなって
目が覚めた
いつも泊まってくれていた母親が
たまたまいない日で
S君は1人で
トイレに向かった

ジョボボボボ
渡り廊下の前を横切るとき
ふとそちらに目をやると
えっ

タッ
タタタタタタ
えっ
えっ

タタタタタタ
……!!!
……!!?

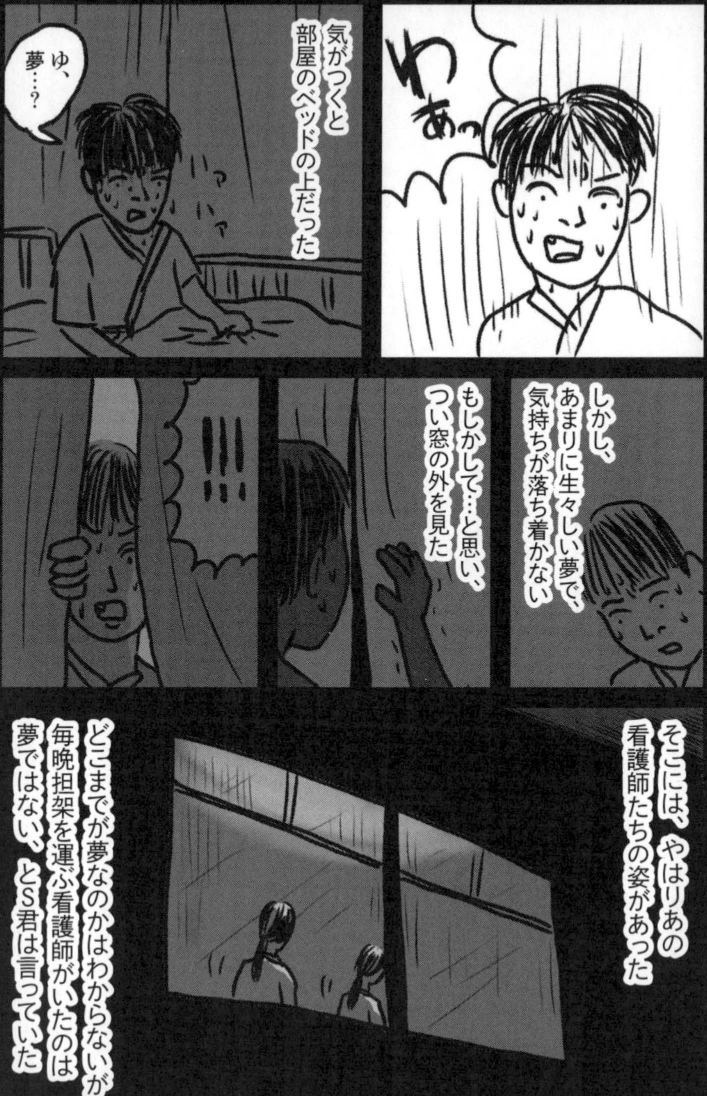
わあっ
気がつくと
部屋のベッドの上だった
ゆ、
夢…？
ハァ
ハァ
しかし、
あまりに生々しい夢で、
気持ちが落ち着かない
もしかして…と思い、
つい窓の外を見た
!!!
そこには、やはりあの
看護師たちの姿があった
どこまでが夢なのかはわからないが
毎晩担架を運ぶ看護師がいたのは
夢ではない、とS君は言っていた

tsurugimikito 【追記】

Ｓ君は高校のときに仲のよかった友人で、自転車でも30分くらいかかる距離を、よく2人で話しながら歩いて下校していました。彼は話し好きのお調子者で、その間ほとんど1人で喋っていました。逆に私は、「自分はなんて聞き上手なんだ…」と、自らの気づかざる一面に惚れ惚れした記憶があります（笑）。
そんな感じの彼なので、この話はただの夢、もしくは創作、または些細ななにかを大いに盛った話である可能性も否定できません。ただ、彼が語る「真顔の看護婦が、担架持って向こうからガーッ!! って走ってくるんよ。超怖くねえ⁉（満面の笑顔で）」という情景は、想像して確かに怖かったので今でもよく覚えています。
看護婦という言葉がまだ普通に使われていた時代でした。担架というのも、高校生だった我々がよくわかっていなかっただけで、実際はストレッチャーだったのかもしれません。
実話系の怪談を読み漁っていると、深夜の総合病院における看護師の霊との遭遇譚は、非常に多く存在します。車椅子を押している看護師の幽霊に追いかけられるという、今回の話に非常に似た話も見たことがあります。病院は生き死にに関わる場所なので、怪談が多いのはわかります。でも、看護師さんが亡くなるわけじゃないのに、看護師さんの幽霊がやたら出てくるのにはなにか理由を感じます。一般的な幽霊のイメージに女性が多いのは「過去の男尊女卑の歴史から、人は立場の弱いものによる復讐を恐ろしいと感じるから」という話を聞いたことがあります。医者の幽霊より看護師の幽霊の目撃談が多い気がするのも、なにかそういう要素があるのではないかと思っています。ありがとうございました。

第7話

変なお母さんを見た

第7話

大学のとき、
サークルの後輩だった
Yさんから聞いた話である
私、変なお母さんを
見たことがあって
Yさんが小学生のころである
当時彼女の家では、
リビングにしか冷房がなかったので
夏は家族でリビングに寝ていたという
夜中、トイレに行きたくなって
目が覚めた
グ

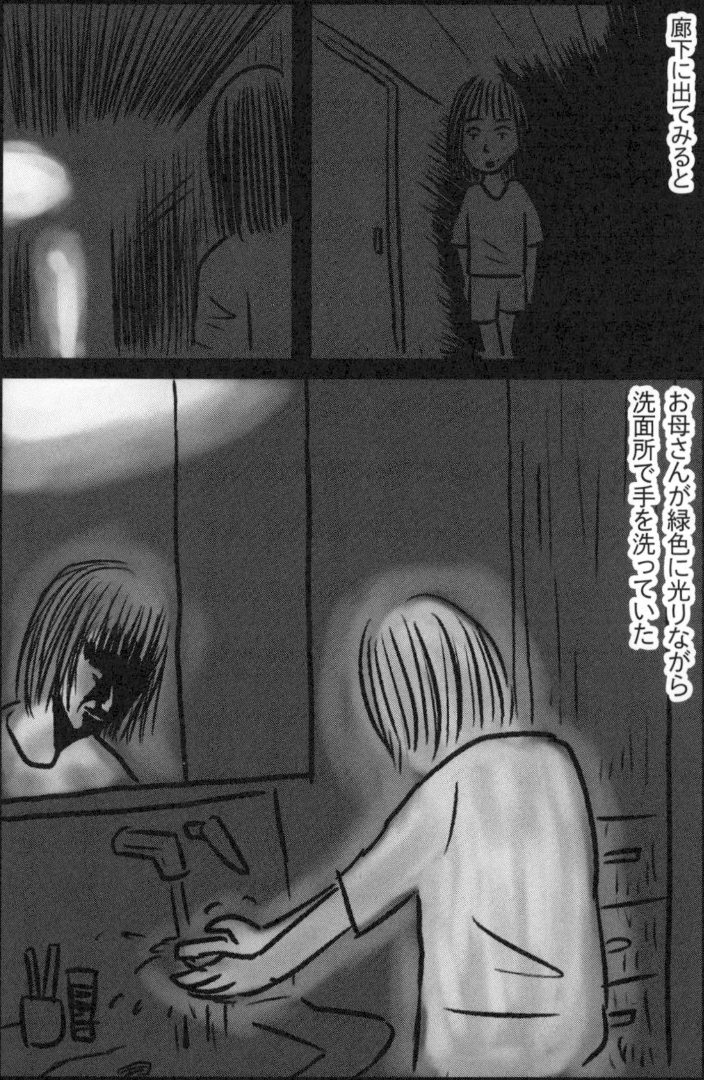
廊下に出てみると
お母さんが緑色に光りながら
洗面所で手を洗っていた

緑に光るお母さんは一心不乱に
手を洗っていて
お母さん、
めっちゃ緑やん…
寝ぼけていたのもあり、
彼女はその姿をぼんやりと見つめていた
ガチャリ

ジャアアア
ジャバジャバ
トイレから
普通のお母さんが
出てきて、
手を洗いだしたのだ
じゃあ、さっきの
緑のお母さんは
だれだったの…？
またあるとき、
学校から帰ってくると
ただいまー
ガチャ
お母さーん

お母さん、
なんでエアコンに
張りついているの？
と思った
?

ガチャ
ただいまぁ
あ、
Yちゃん
帰ってた
え？
え？？
見ると、エアコンに張りついた
お母さんはもういなかった
何度もこんなこと
続くんかなって
思ったけど、
それだけやった
と彼女は教えてくれた
あなたの家にいるのは、
本当の家族なのだろうか？

tsurugimikito　【追記】

エアコンぶんぶんお姉さんではなく、エアコン張りつきお母さんです。Instagramで発表したときに、「ヘレディタリーみたい」とコメントがあったのですが、たしかにヘレディタリーにも「天井の隅張りつきお母さん」が出てきますよね。あの映画、その瞬間がいちばん怖いんですよね…。それは映画の演出ですが、類似の話というのは実話怪談ではよくあるものです。むしろ詳しい人に言わせると、聞いたことないようなよくできた話は創作の可能性が高く、ありがちな話の方が実体験には多いそうです。色のついた人の話もよく聞くジャンルです。この話では緑色のお母さんが出てきますが、『怪談新耳袋』にも「赤い人」が出てきて、スマイレージ（現アンジュルム）主演で映画にもなっています。あの映画は本当に衝撃的に最高なのでホラー好きは絶対見てくださいね！ 先日、今一緒にバンドをやっている元アンジュルムの和田彩花さんにその話をしたら、「子どもの頃すぎてまったく記憶にないけど、私たちみんな演技が酷いのに監督はすごく優しかった」と言ってました。そんな最高な監督は井口昇さんです。ありがとうございました。

henshu_hosoku

読んで怖くなってしまった方は、エアコンぶんぶんお姉さん（吉本興業所属芸人）の動画を観てひと息つきましょう。もっと怖いものが観たくなった方は、『ヘレディタリー / 継承』（2018 年 アリ・アスター監督）をどうぞ。ハロオタの方はアンジュルムを聴きながら続きを読んでください。

第8話

どうしてそこを曲がったの？

第8話

大学3年生のとき、
私は大学祭実行委員を
やっていた
学祭の準備期間中、
学校が22時で閉まるので
私たちはスタッフの1人が住む
近くのアパートに集まりなおして
会議することがよくあった
ほんなら
企画会議の
続きは
Yの家で
はーい
STAFF
大体みんなダラダラして、
大学からは22時半近くに
なってから、各々移動し始める

集合するのは2年生の
Yという後輩が住んでいる
古いアパートで、部屋が広いので
大人数で入ることができた
GS
大学
大学前の府道をまっすぐ
5分ほど歩き
ガソリンスタンドの角を曲がって
すぐのところにある
その日、私とTくんが歩いて到着すると先に自転車で向かっていた
Mさんと Kさんが不安そうにアパートの前で待っていた
つるさんたち、どの道から来ました?
え?普通にそこのガソリンスタンドを曲がってきたけど

その道、縄跳びしてる小さな子がいませんでした？
えっ
MさんとKさんは自転車を2人乗りでアパートに向かっていたのだが
ペタ
ペタ

歩道の上で、3～4歳の小さな子どもが
縄跳びの練習をしていたという
ペタ
ペタ
ペタ
がんばってるのに
邪魔したら
悪いな…
そう思ったMさんは、
いつも曲がる道の
手前で進路を変えた

ねえ、なんで今のとこで曲がったの？
え、だって縄跳びしてる子おったやろ？
うそ、知らんで
そんな子おらんかったよ？
2人は戻って確認するのが怖くてあとからだれかが来るのを待っていたというのである
もちろん私は見ていないし第一、こんな時間に未就学児が一人で外にいるのもおかしい
そんな子いたら絶対気がつくからいなかったと思うよ…ねぇ？
結局、Mさんが見たものはなにかわからなかった

そんな20年近く前の不思議な体験を細かく思い出すために久々に、そのとき一緒にいたTくんと連絡をとった
まぁMさんしか見てないから、結局彼女の見間違いなのかね～
いや
それやけどね
あのときは言えなかったんやけど

その子、多分おったんよね
なんで…あのときそれ、教えてくれなかったの…
あの目、見てたらね
劔くんも言えんかったと思うよ

tsurugimikito　【追記】
私は大阪市立大学（現・大阪公立大学）という大学に通っていたのですが、このことはかなり記憶に残っています。体験地となった住吉区我孫子はヤンキータウンでもあるので、当時はネグレクトされている子どもである可能性も感じていました。しかし、もうひとり目撃者がいたことで、現状 7:3 で幽霊かなと思っています（笑）。
むしろ今は親となり、実在の子どもが可哀想な話は本当にキツいんですよ。むしろ幽霊であってくれてよかった。あそこにネグレクトされてる子はいなかったんだ…と。
しかし、私の家で手を見たタカもそうでしたが、にわかに信じられないものを見てしまった人は理解できず混乱するのか、恐怖で萎縮するのか、その場ではなにも言わずに黙っていることが多い気がします。「じつは…」とあとから話されると普通はウソっぽく感じるかもしれませんが、実際は逆だということを私は伝えたいと思います。ありがとうございました。

henshu_hosoku
「住吉区我孫子はヤンキータウン」というのは著者の感想です。

第9話
謝る女

大学のバンドサークルで後輩だった園さんは、物静かなタイプだったが話すと明るく朗らかな女性で
自分から積極的に話すこともなかったが、いわゆる「見える人」であることを私は知っていた
余談だが、彼女は当時赤文字系ファッションだったので
ブランドのショップ袋からエフェクターを取り出すのがとてもカッコいいと思っていた
彼女が「見える」ことを知ったのは、サークルの夏合宿だった
夜、外で遊んでいると
あ…
あの石の上、男の子が

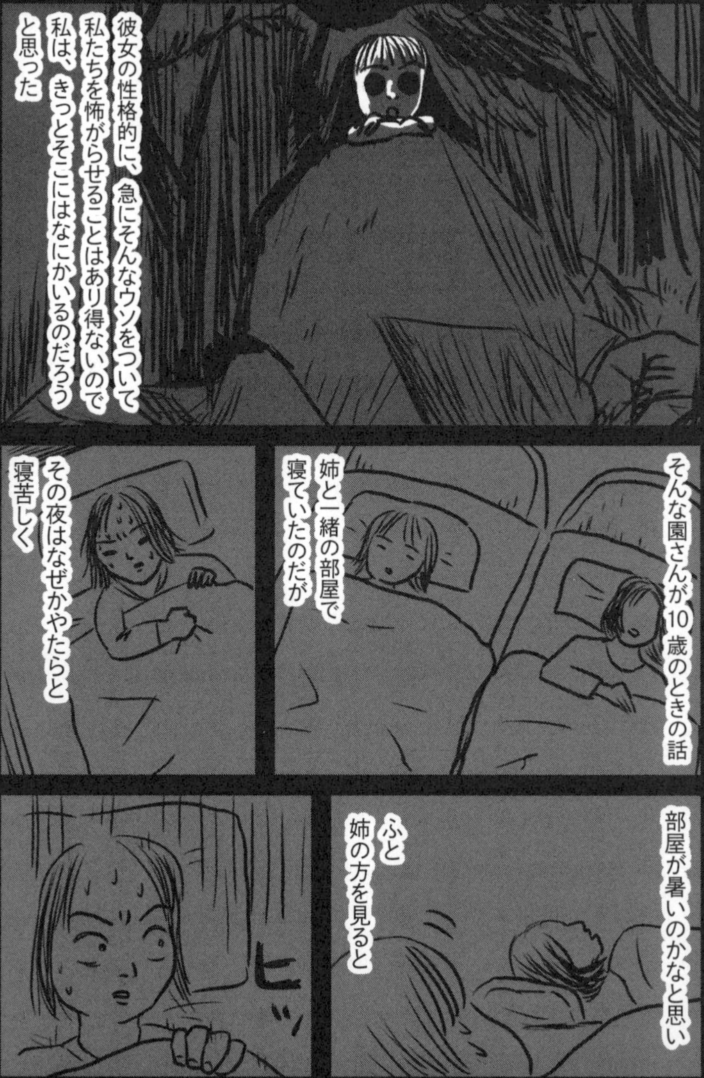
彼女の性格的に、急にそんなウソをついて
私たちを怖がらせることはあり得ないので
私は、きっとそこにはなにかいるのだろう
と思った
そんな園さんが10歳のときの話
姉と一緒の部屋で
寝ていたのだが
その夜はなぜかやたらと
寝苦しく
部屋が暑いのかなと思い
ふと
姉の方を見ると
ヒ

うう〜…
ん〜ん…
ごめんなさい…
ごめんなさい…

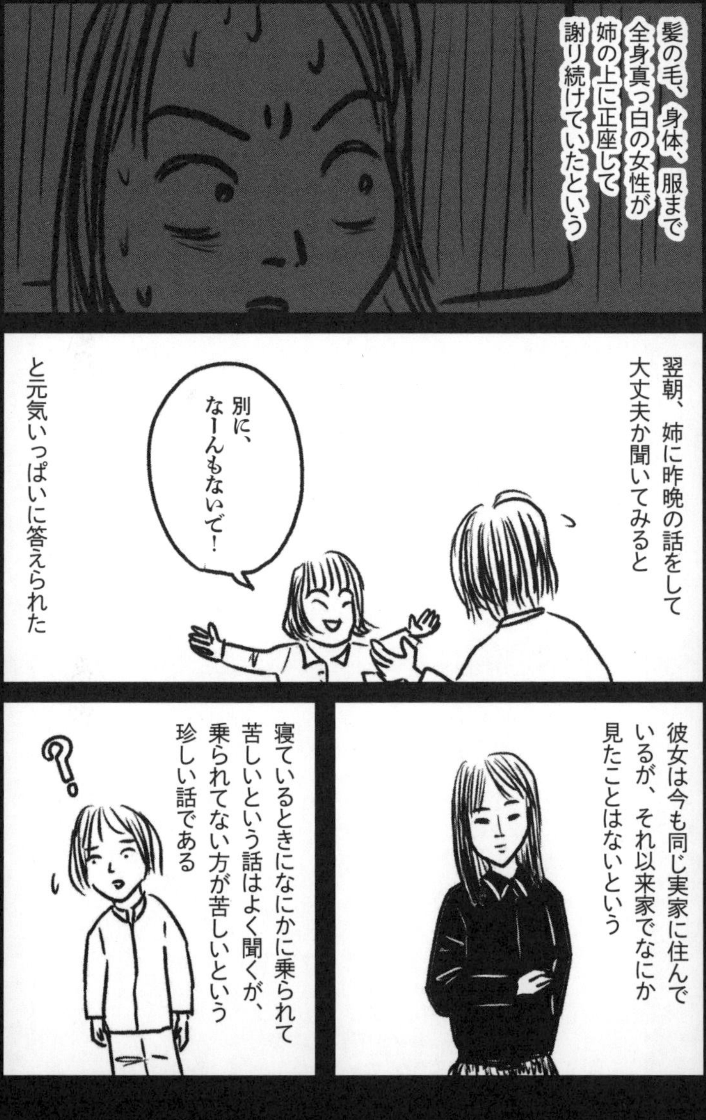
髪の毛、身体、服まで
全身真っ白の女性が
姉の上に正座して
謝り続けていたという
翌朝、姉に昨晩の話をして
大丈夫か聞いてみると
別に、
なーんもないで！
と元気いっぱいに答えられた
彼女は今も同じ実家に住んで
いるが、それ以来家でなにか
見たことはないという
寝ているときになにかに乗られて
苦しいという話はよく聞くが、
乗られてない方が苦しいという
珍しい話である

tsurugimikito 【追記】

大学時代のバンドサークルの友人である園佳子さん…ここでは当時のように旧姓でハセと呼ばせていただきますが、ハセに霊感があることは当時から気になっていたので、今回怖い話を集めるにあたり、20年ぶりに連絡をしてみました。そうしたら、彼女はメイクアップアーティストとして多数のフォロワーを抱えるインフルエンサーになっていました（笑）。でも、YouTubeで動く姿を見たら当時とまったく変わっていなくて、朗らかな笑顔が懐かしくて嬉しかったですね。彼女は京都で舞妓体験できる超有名店「ぎをん彩」を取り仕切るマネージャーをしていて、和化粧のスペシャリストでもあります。そういえば何年か前、モーニング娘。の石田亜佑美さんと小田さくらさんが、祇園で舞妓メイクをしていたな…と思って聞いてみたら、やっぱりハセが担当したようでした。ありがとうございます（ファンを代表して）。
話は逸れましたが、彼女が今回聞かせてくれた体験は「寝ているときに幽霊が乗っている」というもので、そこまではテンプレート金縛り怪談のように感じます。しかし、幽霊に乗っかられているのは隣に寝ている姉で、とくになにごともなく、むしろ隣の自分が苦しいという、あまり聞いたことのない話です。似た経験をする人が多いなかで、こういう微妙な違いがなぜ生まれるのか、それを考えると私も寝苦しい夜が続くのです。
彼女からは、妊娠中の不思議な体験も聞いたので、また今度描かせてもらいたいと思っています。ありがとうございました。

第10話

河原の車

2002年、バンド活動のため
就職しなかった私は
環境調査の会社でバイトしていた
大規模開発事業に際し、
現地の環境への影響を調査する
「環境アセスメント」を
業務にしている会社である
たとえば、ダムの建設計画があれば
その場所の生態系を調べて
貴重な動植物の存在などの
レポートを作成する
希少種
ハナムグラ
チェックで
この調査のため、人の立ち入らない
山中や河川を分け入って
探索する現場仕事に、
私もよく手伝いに行っていた
そのため、時折予期せぬものの
第一発見者になってしまうことがある
バリ
バリ
なにか
いやな臭いが…
私の上司が、河川敷の中で
身元不明の首なし腐乱死体を
発見してしまったこともあった
う、これは…！

これは京都のとある河川の調査のため
Mさんという社員についていった
ときのことだ
日差しがきつい真夏のことだった
ああ…
あっついな…
…ん?
どうか
しました?
え、いや…

地点1での調査を終えて
地点2に移動しているときだった
劔くん
あそこにいる人って見える？
え？
ああ！あの山道の？見えてますよ
ああ、そう

急に変なことを
聞くなとそのときは思った
その日、Mさんは終始
心ここにあらずな
感じがした
何地点か調査を終えて
会社に帰るため車に戻ると
あっ、あああっ、あっ
ビクッ

ど、
どうか
しました?
…?
劔くん、
駅まで送るから、
直帰してくれる?
僕はちょっと
確かめることがあって
なにかやり残した仕事でも
あったのかなと思ったが、
Mさんが確かめに
行ったのは

ああ、やっぱり
私たちが河原を移動中、近くにあった車の中で人が亡くなっていたのだ
警察が調査した結果、自殺ということだった
朝、人が乗っているのが見えたんやけど、あの暑さでエンジンがかかってなかったんで変やなと思ったんよね
帰りに会社の車を見て、急に驚いたのはなんだったんですか？
ああ…あれはね、

Mさんは、
私たちが乗ってきた車に
ギッチギチに人が詰まっているのが見えたという
それはMさんが朝から見かけた
車の違和感を気にしすぎたせいで
見てしまった錯覚だったのか…
とにかく忙しい、
今でいうブラック企業みたいな会社で
社員はいつも疲れていた記憶がある

tsurugimikito　【追記】

この話は実際に亡くなられている方がいるので、本当に心が重くなる話です。20 年前という時代もあると思いますが、この会社は間違いなく究極のブラック企業でした。私が所属するチームでも鬱になって退社した方がいましたし、M さんも相当疲れていて目に光のない人でした。大体の社員の人たちは、現場に出ると一刻も早く帰りたすぎて、帰り道の運転が荒くなる傾向がありました。まさに M さんもそうで、一度こっちが近道だから、と生駒の山道に入ったことがありました。細く曲がりくねった道で躊躇なくスピードを出すので、その時点で事故を起こすんじゃないかとすごく不安だったのですが、あるカーブを曲がると突然道に猿がたくさんいたのです。猿たちは逃げまどうのですが、M さんはとくにスピードを緩めることはなく、その状況に隣にいた私はかなりショックを受けました。そんな感じだったので、もう M さんは仕事の疲労からおかしくなっていて、幻覚みたいなものを見ていたんじゃないかという気もします。急に「あそこに人が見える?」と聞いてきたときも、私に見えたのは普通に山道に立っている人で、とくに変な感じもしませんでした。でもまあ、その後の顛末を聞いて、自分はなにを見たんだと不穏な気持ちにはなりましたが…。
車や電話ボックスのような狭いところに幽霊がギュウギュウに詰まっているというショッキングビジュアルは、心霊体験談を多く読んでいると時折目にすることがあります。心理的なものからくる幻覚だとしたら、なぜ同じ形状を見がちなのか、ちょっと気になるところではあります。
ちなみに、その会社は今どうなっているのか気になって調べてみたら、2009 年に破産したという情報が出てきました。ありがとうございました。

第11話

その話をするな

第11話

2008年ごろ、上京した私が
渋谷のライブハウスで
働いていたとき出演していた
Sさんから聞いた話である
彼とは同世代で
同じ新潟出身だったことから
意気投合した
Sさんが
中学3年生のとき
幽霊が出ると
噂で聞いた廃屋に
友人たちと肝試しに行った
そこは「鍵屋敷」と
呼ばれていた
その家の中は
家具もなくがらんとしており
期待していたような、
物の散乱する廃屋ではなかった

ただ、和室にひとつだけ
机が残っており
なんとなくその引き出しを
開けてみると
うわーッ
なんだこれ、
気持ちわりい!!

そこには、昔の様々な
処刑方法を描いた墨絵が、
何十枚と束になって入っていたという
幽霊を見たとかじゃ
なかったんですけど
夜な夜なあそこで
あの絵を描いている
奴がいるのかと思うと、
めちゃくちゃ怖くて
逃げ帰りましたよ
この体験は、
怖い話をするときにSさんの
鉄板の持ちネタとなった
翌年、
Sさんは
高校へ
進学した
入学したばかりの
ある日

じーーー
それは、同じクラスのまだ話したこともない女子だった
え、なに
僕になにか用ですか…?
もう話さない方がいいよ
は?
よくない絵、見てるよね
その話、もうしない方がいい

絵と言われて、
Sさんはあの廃屋で見た絵のことだと
気がついた
高校に入ってからは
この話はしたことがなかったし、
同じ中学出身の者が知っているとしても
なんの接点もないこの女子が
知っているのは奇妙だと思ったという
ど、どういう
こと？
なんか
怒ってるん
だよ
君が話すたびに
怒りが大きく
なってる
だから、絶対これ以上
人にその話をしないで
ゾクッ…

それで…
一体なにがあったのか
私だけに
こっそり教えてくれない?
早速
お前が聞くんかい
ズコッ
とSさんは思ったが
なんとなく彼女に話してしまった
ま、結局
そのあとも
こうして
しゃべり
まくって
ますけど
Sさんはとくに
なにもなく
元気なのであった

tsurugimikito　【追記】

私やＳさんの故郷である新潟には「ホワイトハウス」に代表される有名な心霊スポットが多々あり、最近も心霊系 YouTuber が取材したりしていますが、この「鍵屋敷」というのはネットでも情報がまったく出てきませんでした。インターネットもない時代、当時の一部の中学生の、ローカルな心霊スポットだったのかもしれません。ただＳさんは、とにかく気味の悪い墨絵は実際にあったと。一枚一枚が手書きで、全部違うものがかなりの枚数、どっさりあったと言っていました。それはもう、霊的なものではなく「ヒトコワ」の領域だと思いますが、高校に入って霊感少女に出会うことで、話は急激にオカルト色を帯びてゆきます。怪談のオチとしてはＳさんに不吉ななにかが起こってほしいところではありますが（笑）、これが実話の限界ということなのかもしれません。とにかく、呪いやらなんやらで人死にまでが出るなんて、そうそう簡単にあってもらっては困ると私は思います。ただ、オカルトコレクター・田中俊行さんの話に、これに似た「あと一回話すと死ぬ話」というのがあって、そっちはどうやら恐ろしいことが起こってしまっているようです。ありがとうございました。

henshu_hosoku

ちなみに田中俊之さんの怪談集『あべこべ』（二見書房刊）が６月に発売されたそうです。本書と併せて、ぜひ。

第三章

「あの人」の怪奇

ミュージシャンやアーティストには、人として魅力的な人が多い。そういう人は、霊にも好かれるのだろうか。〝なぜか〟不思議な体験をしてしまう、ミュージシャンたちの話。

第三章

第12話 いつもそれやね

第12話

大阪で活動しているYOLZ IN THE SKYのボーカル、マギーは、私が大阪に住んでいたころからの友人である
Go to Heaven
マギーは数年前から、日課として長いウォーキングを続けている
行き先も決めず、ただひたすら歩き続けるという

2時間ほど歩いたら、クルッとターンして
来た道を戻る
そんな日々であった
2018年4月
その日は深夜0時に家を出た
春の風が心地よく、
夜道を歩き続ける
いつものように
2時間歩いたので
そろそろかと
クルッとターンした
そのとき

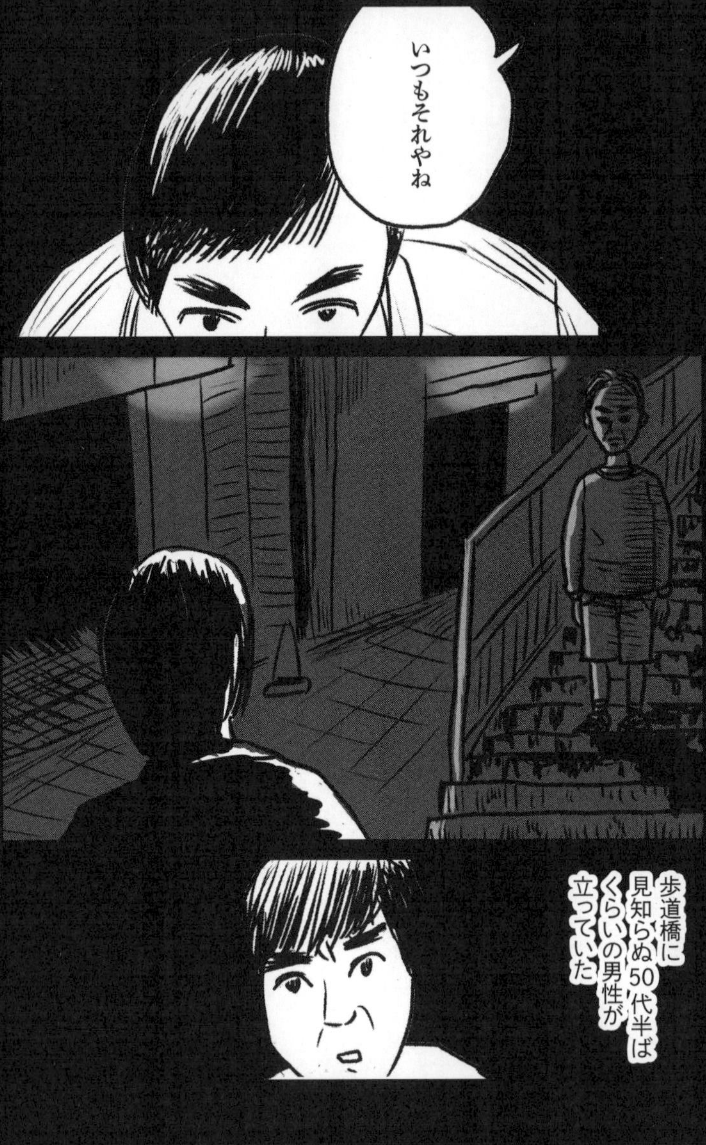
いつもそれやね
歩道橋に見知らぬ50代半ばくらいの男性が立っていた

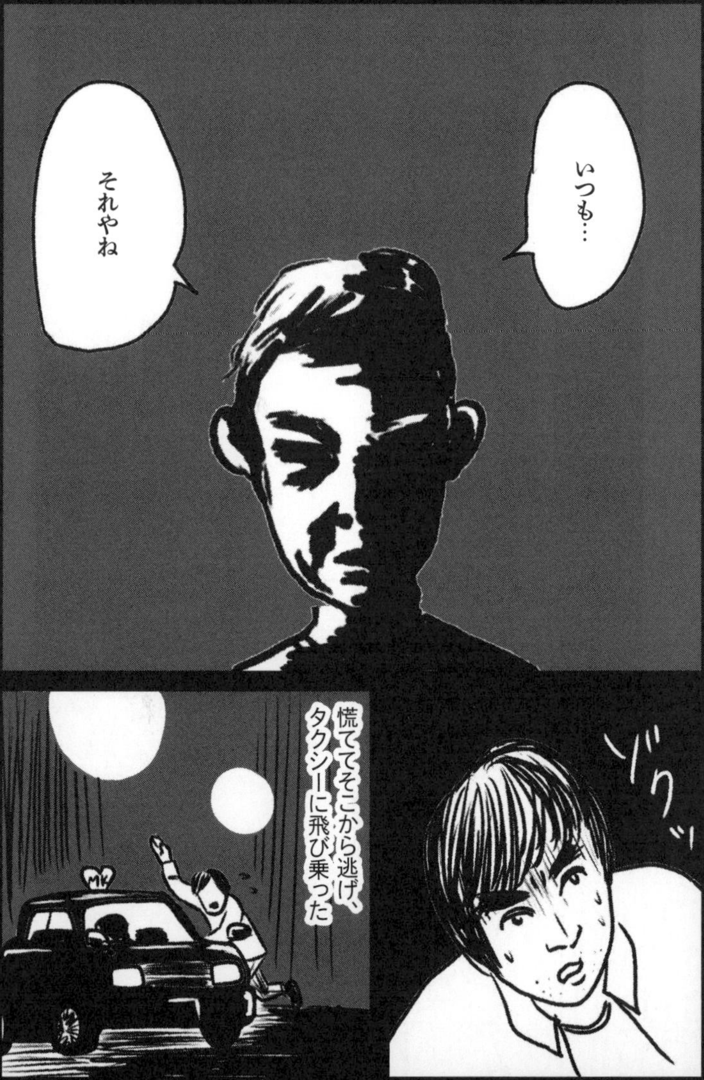
いつも…
それやね
ゾクッ
慌ててそこから逃げ、タクシーに飛び乗った

ハァ
ハァ
実は、あの言葉には
覚えがあった
それは数か月前、
普段行くことのない地域の
コンビニに行ったとき
いつもそれやね

いつも
それやね
会ったこともない店員に
そんなことを言われ、
意味がわからなかった
「いつもそれやね」が
なにを指しているのか
まったくわからず
気持ち悪さだけが残る
マギーは、
またどこかであの言葉を
言われるのも、
その意味がわかるのも
怖いという
いつもそれやね

tsurugimikito 【追記】

幽霊が出てくるわけでもないのに、そのなんとも言えない得体の知れなさに嫌な気分になる話です。まあ、体験者のマギー自身が変な人すぎるので、おかしなものをウェルカムしてしまうのかもしれません。まず、毎日4時間くらいあてもなく歩いている時点でどうかしていると言いたくなりますが、彼がボーカルをしている「YOLZ IN THE SKY」という異形のミニマルポストパンクバンドの音を聴けば、まあこれは常人の作る音楽ではないと、それもきっと納得できるでしょう。
実際にマギーからはほかにも不思議な体験を聞いたのですが、その中で面白かったのは「狐に憑かれたことがある」という話です。ある時期、どんなに疲れていても、往復3時間かけてなぜか伏見稲荷に歩いて行ってしまうという奇行が続き、しまいに「そのときは芸名をマギーからフォックスに変えたくなった」と真剣に言われてさすがに笑ってしまいました。
私は昔から YOLZ IN THE SKY の 4 人が好きすぎる節があります。もちろん音もカッコいいんですけど、バカエピソードに事欠かないんですよ。マギー以上に圧倒的にヤバいのはリーダーでギターの柴田の方で、その柴田は最近脱退しました。なのに、いつもライブを観に来るらしく、こないだは福岡まで観に来たそうです。それで「俺がいた方がもっとよくなる」と言うので、マギーたちが「確かにそうだ、じゃあ一緒にやろう」と、再加入が決定。その時点でなんで辞めたんだって感じですが、4人でやるライブの直前に事故で入院して、その流れでまた脱退したそうです。ありがとうございました。

第13話

肝試しの帰り道

第13話

90年代半ば、大阪のバンド
赤犬のロビンさんたちが
大学生のころのこと
バンドメンバー数人で、
関西でも屈指の有名心霊スポット、
滝畑ダムに肝試しに訪れたことがあった
滝畑ダムのトンネルでは
追いかけてくる老婆や
たたずむ女性の霊、
首なしライダーなど
さまざまな噂があったが
ロビンさんたちが
怪異に遭遇することは
なかった
時間は深夜、
期待はずれに終わったことを
残念がりつつ、楽しい
帰り道だったという

外環状線の大きな交差点で信号待ちをしていると
…ん?
なあ…あれ、なんやと思う?
お?

ヴォオオ…
ゥゥ……ン
なんやあの子
おいおい
ほんまに？
事件ちゃう？
通報した方が…

こっち
見てへん?
たぶん
え?
なんや?
!?
タタタダタタ
!!?
なになに!?

早く
逃げてくれ！
バンバンバンバン
まだ信号が
赤やねんて!!
なかなか変わらない
信号を待つ間が
とても長い時間に感じたという
ヒイイイイイ
信号が青になると、
慌ててその場を逃げた
あれはオバケというより
人間のように思ってんけど
とにかく怖すぎて…
と、ロビンさんは言った
助けを求める
虐待児童とか、
そういうのだったら
辛くないですか？

でもあの交差点、
警察署の真ん前なんよ
警察もすぐ見つけられる
はずやのに
深夜とはいえ
車通りも多いし、
なんで俺らの車に
来たのか、いまだに
わからん
ちなみに数年後の
1999年、
ビデオ版の『呪怨』が
話題となる
呪怨
それを観た
ロビンさんは
ゾッとしたという
そこには、
あの交差点で見たものと
そっくりな子どもが
出てきたからだ

tsurugimikito　【追記】
ロビンさんたち「赤犬」のメンバーの体験談です。有名な滝畑ダムに肝試しに行ったのに、その帰り道でこんなことがあったから、滝畑ダムで怖かった気持ちが全部吹き飛んでしまったそうです。この話も、これが実際の虐待児とかいじめとかだったらじつはいちばん辛くて、私は幽霊であってほしいとすら思ってしまうのですが、ロビンさんの体感ではブリーフ少年は実体があったそうです。『呪怨』のトシオくんとは無関係だと思いますが、「ブリーフ一丁の少年」というビジュアルは恐怖を感じるものなのかもしれません。
ちなみに赤犬というバンドは、今の音楽性（歌謡ショウバンド）になる前は、ロビンさんたちフロントマンの皆さんはブリーフ一丁が衣装だったのですが、「ブリーフ一丁のおじさん」は滑稽なだけでした。赤犬は 2023 年、16 年ぶりにフジロックに出演しました。16 年前は私も一緒について行ったのですが、その年はホワイトステージと苗場食堂と 2 ステージ演奏しているんですよ。で、最終日の深夜に苗場食堂に出たとき、ロビンさんがメンバー揃いの衣装を 1 人忘れてブリーフすらなく、なぜか荷物の中に入っていた上沼恵美子さんの『おしゃべりクッキング』本で股間を隠して衣装にしていたのが、本当にどうでもいい思い出です。ありがとうございました。

第14話

幕り人形の廃墟

第14話

私がベースを担当するバンド
「あらかじめ決められた恋人たちへ」が
まだ大阪でリーダー・池永正二の
ソロユニットだった時代の
2007年春
アーティスト写真を撮るために
カメラマンでデザイナーの
ボギーさんと場所を探していた
ときのことだ
ボギーさんには、
以前見かけて
気になっている場所があった
それは、火事で
焼け落ちたまま
放置されている廃墟だという
新世界の賑やかな繁華街から
横綱
串カツ日本一
づぼらや
てっちり
うまい
一本路地へ入ると

すぐにその廃墟はあった
ここ?
無理無理
あかんあかん
めちゃ臭いし!
確かにそこには
ゴミも不法投棄
されており
池永さんは
気持ち悪いと
拒絶したという

数日後、ボギーさんは新世界でバンド・赤犬のロビンさんたちと飲んでいて、またあの廃墟の話になった
そんなんあんの?
今から行ってみようや
サワー
うわ これはやばいな!
気持ち悪!
なあ、あそこ、なんか人みたいな…

暗闇の中、2メートルほど先に、
奇妙な人形がぶら下げられていた
それは、黒いビニール袋のようなものを
ツナギの中に詰め込んで作ったような
稚拙な人形に見えたという
髪の毛は
毛糸でできていて
手は手袋に
詰め物をして
ミッキーマウスの
ような造形だ

しかもその周りには
靴が何足もぶら下げられていて
なにかの
儀式のよう
だったという
あーこれは
あれっすね
西成でよく見る
ボギーさんは、
この近くの
西成・釜ケ崎でよく見かける
路上生活者が廃品で作った
謎のオブジェを思い浮かべていた
しかし、その気味悪さと
ゴミの悪臭にやはり皆
テンションが下がり、
早々に退散することに
なった
ここは
関わったら
あかん場所やわ

しかし、またその数日後、ボギーさんは友人のNさんにこの話をしてしまう
おもろそうやな解明しに行こうや
ほんまにやめといた方がええって
…
すまんやっぱ帰ろう…
な、やめた方がよかったやろ
うん、いやていうかな
あそこの変な臭いやけどな
なんかどっかで嗅いだことあんねんな

Nさんはなにかを
思い出そうとしていた
そしてボギーさんは、
自分がなぜ3回も続けて
この廃墟に行くことになったのか、
その理由を知ることとなる
翌日のこと
もしもし
あ、ボギー、
悪いけど今から
出てきて
もらいたいねん
ちょっと警察と
おってさ…
え！
お前なんか
したんか？
ちゃうねん
昨日の廃墟の
ことでな
人形と思ってた
あれ…
本物やってん…
ええっ

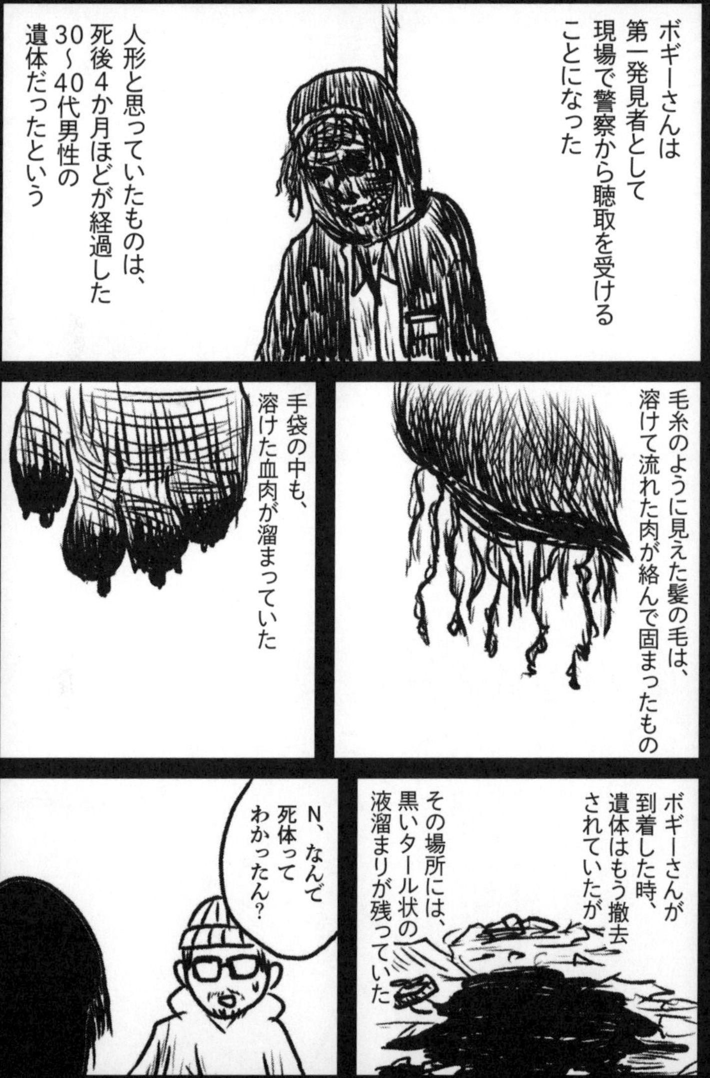
ボギーさんは
第一発見者として
現場で警察から聴取を受ける
ことになった
人形と思っていたものは、
死後4か月ほどが経過した
30～40代男性の
遺体だったという
毛糸のように見えた髪の毛は、
溶けて流れた肉が絡んで固まったもの
手袋の中も、
溶けた血肉が溜まっていた
ボギーさんが
到着した時、
遺体はもう撤去
されていたが
その場所には、
黒いタール状の
液溜まりが残っていた
N、なんで
死体って
わかったん?

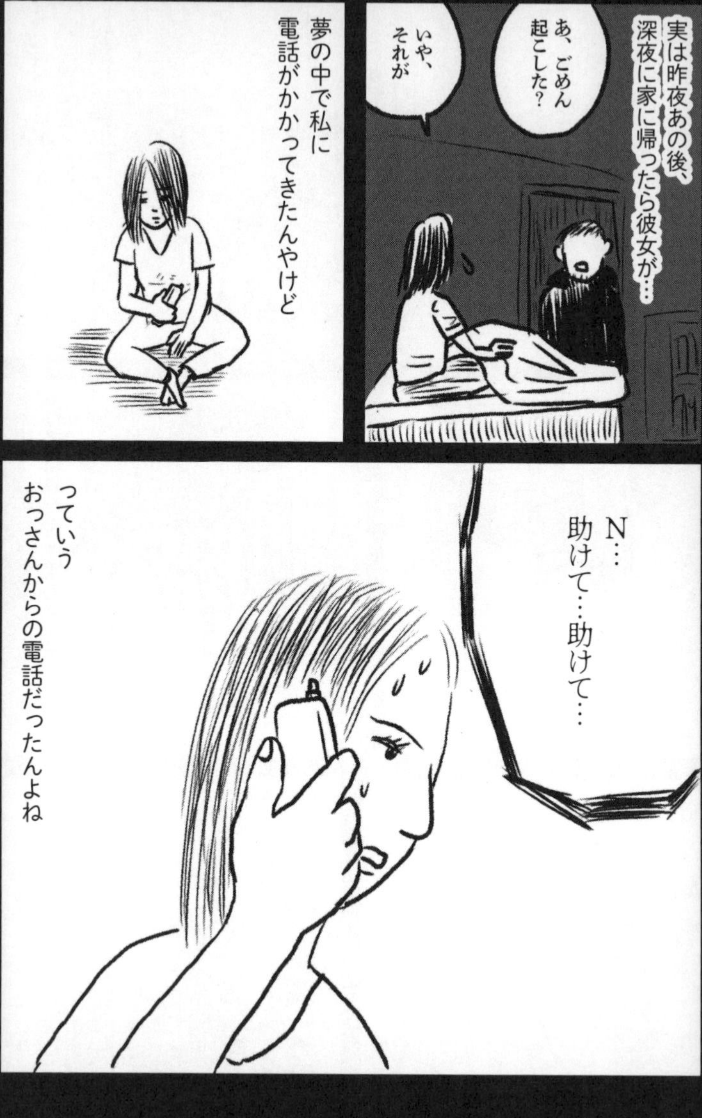
実は昨夜あの後、深夜に家に帰ったら彼女が…
あ、ごめん起こした?
いや、それが
夢の中で私に電話がかかってきたんやけど
N…助けて…助けて…
っていうおっさんからの電話だったんよね

普通ならただの夢と流すところだったが、その話でNさんは思い出したという
あの臭い…インド旅行の時ガンジス川で嗅いだ死体臭やわ
それで全て繋がって、朝もう一度確認に来て警察に連絡したんよ
4か月も、誰からも発見してもらえなかった男性が、SOSをキャッチしてくれる人を探していたとでもいうのだろうか
そう思うと、何度も人を連れて来ることになったボギーさんも、なにか呼ばれていたのかもしれない

しかし不思議やねえ
実はここ、3件目
なんですわ
ええっ
1件目は2005年、
近くの温泉施設から
観光客が写真を撮ったら……
スパワールド
この廃墟の屋上にあった
片腕のない白骨死体が
写ってしまった
その後、もう一件首吊りがあり
そして今回、と
ざ〜〜〜

3年後、ライターの
ギンティ小林さんたちが
心霊スポット取材のために
ロビンさんの案内で
この廃墟を訪れた
うわ
こ、これは…
靴が、
前より増えてる…
この廃墟では、
得体の知れない儀式が行われ続けているのだろうか

tsurugimikito 【追記】

このお話は、ギンティ小林さんが著書の『爆発！ 現代百物語 新耳袋 危ないパワースポット』（洋泉社刊）で紹介し、さらに『怖い噂 vol.18』（ミリオン出版刊）で漫画にもなったので、熱心なオカルトファンの方々にはきっとご存じの方も多いと思います。本当にあった話なので内容も全く同じです（笑）。一応、私から独自の初出情報としては、ボギーさんがこの廃墟を訪れるきっかけになったのは、私がベースを弾いているバンド「あらかじめ決められた恋人たちへ」のアーティスト写真撮影だった、ということのみで…。
この廃墟は半焼状態のまま、ずっとスパワールド横に放置されていたのですが、ついに最近取り壊されたそうです。有名になってしまった場所なので、ネットでも多くの探訪情報が出てきます。でもそんな場所で実際に恐怖体験の当事者となったボギーさんたちは、選ばれし者（幽霊に）としてオカルトマニアたちからもっと評価されてほしいと思います。
ギンティ小林さんたちは、映画『新耳袋 殴り込み！東日本編』(hulu、U-NEXTで配信中／ 2023年6月現在）で、ロビンさんを案内役として、在りし日のこの廃墟に訪れています。場所の雰囲気をもっと知りたい方は、そちらで映像として観てみるのがいいでしょう。ぜひ、吊り下がっている不気味な靴で、「27.5cm 履いてみていいですか?」とか言って靴屋さんごっこをするロビンさんたちの勇気ある姿を観ていただければと思います。ありがとうございました。

tanakahideyuki 【追記】

ボギーです。本人です。劔くんが描いた池永の顔があまりにも似ているので思い出しましたが､池永がこの日帰ったあと、霊感の強い彼女に「なに連れて帰ってきてるんや!」と怒られてたんでした。霊のおじさん、救難信号を受け取れる人を探していたのかもしれませんね…。

第15話　老婆の警告

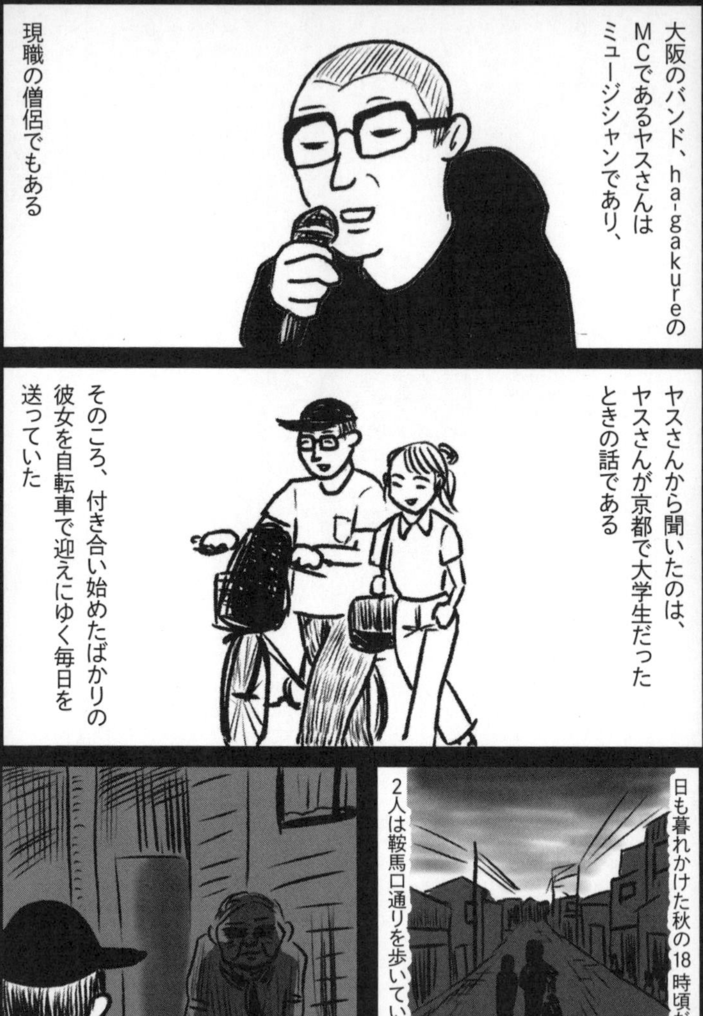
大阪のバンド、ha-gakureのMCであるヤスさんはミュージシャンであり、
現職の僧侶でもある
ヤスさんから聞いたのは、ヤスさんが京都で大学生だったときの話である
そのころ、付き合い始めたばかりの彼女を自転車で迎えにゆく毎日を送っていた
日も暮れかけた秋の18時頃だった
2人は鞍馬口通りを歩いていた

この道は
出るでよう
は？
なにが
ですか？
キッキッキッキ
突然話しかけてきた
不気味な老婆は乾いた声で笑い
ヤスさんはそれに悪意さえ
感じたという
もう
いいから、
行こ

それからしばらく経ち、
冬に差しかかる頃
21時を回った夜、
2人は鞍馬口通りを歩いていたのだが
京都パーキング
P
乗って帰ろうか
その日は、なんとも背筋の冷えるような妙な緊張感があったという
そんで、その教授がな、
うんうん
うん…

ふと、ヤスさんは、彼女が返事をしなくなり、
気配が消えていることに気づいた
シャア
シャア
シャア
もちろん、後ろにいることは
間違いないのだが
疲れているのか…？

たばこ
キキッ
ちょっと、なに？痛いよ!?
ギューウッ
痛っ
え…

ポロ
ポロ
ポロ
ごめん、強く言いすぎてしまって…
停めたらあかん！漕いで早く!!

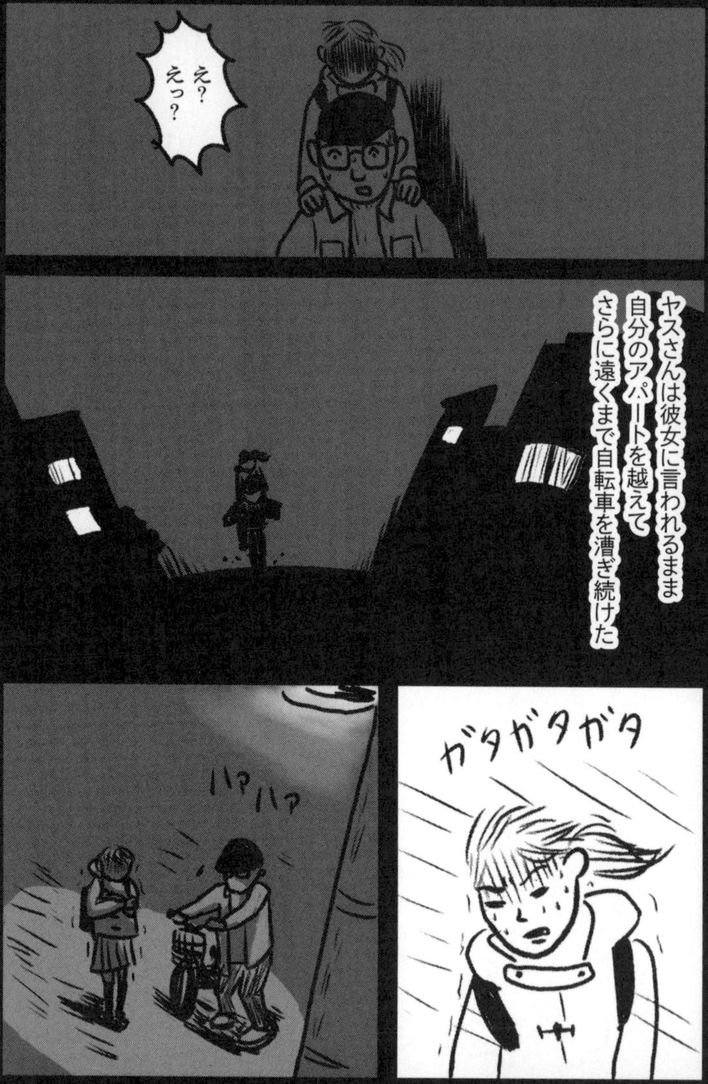
え?
えっ?
ヤスさんは彼女に言われるまま
自分のアパートを越えて
さらに遠くまで自転車を漕ぎ続けた
ガタガタガタ
ハァハァ

いったい、
どうしたん…？
ねぇ、見えへんかった？
ヤスくん見えへんかったの？
なにも…
あの公衆電話の
とこやろ？
そうや…
あの電話…

陰におじさんが立ってて手招きしてたやろ…？
たばこ
ええ？
しかも、
あのおじさん

身体が半分しかなかったんよ
それでうちらを追いかけてきたから怖くて…
ブルブルブル
SHOP

と、とにかく大通りまで出よか
トントントン
はい？

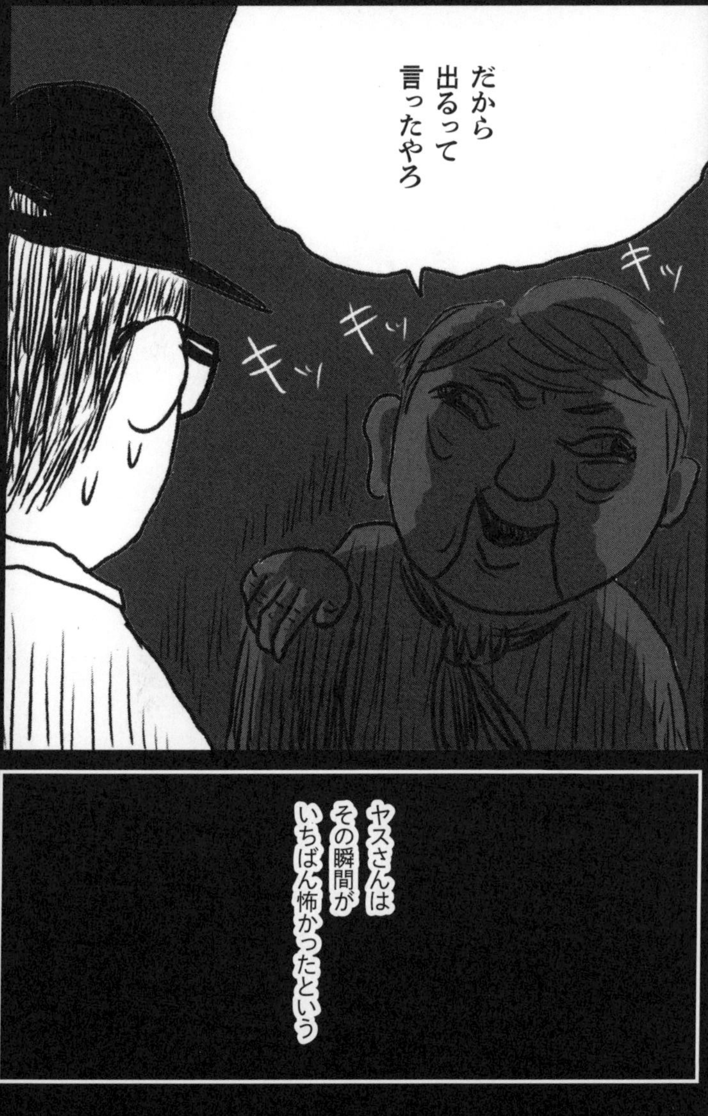
だから出るって言ったやろ
キッ
キッ
キッ
ヤスさんはその瞬間がいちばん怖かったという

tsurugimikito 【追記】

ヤスさんは「ha-gakure」というバンドのボーカルで、出会ったのは2004、5年頃になるでしょうか。この話は2007年くらいに教えていただきました。ha-gakureはバンドの演奏もカッコいいのですが、お坊さんであるヤスさんの読経のようなフロウのラップがほかでは聴いたことがないものでした。やっぱりラッパーって文化的に強面の人が多いじゃないですか（笑）。それなのに、ヤスさんはバンドをやってる人のなかでは会ったことないくらいの人格者なんですよ（笑）。そりゃあ仏門に仕える方なので当然なのかもしれませんが、いつもニコニコして「劔くん、ありがとう、ありがとう」って感謝の言葉を伝えてくださる。もう本当に大好きで尊敬している方です。周りにいた関西のバンドマンたちもみんなそう思っていると思います。
そんなヤスさんのこの話、いちばん不可解なのは、謎の老婆が『世にも奇妙な物語』のタモリさんのようにオープニングとエンディングに登場するところでしょう。彼女だけでなくヤスさんも見ているということは実在する人なのでしょうか。30年近く前の話なので確認できそうにないですが…。とにかく、頼んでもいない狂言回しは、親切が仇になっているので本当に勘弁してもらいたいです。
ha-gakureは今もマイペースに活動しています。ぜひ聴いていただけると嬉しいです。ありがとうございました。

henshu_hosoku

「ラッパーは文化的に強面の人が多い」というのは著者の思い込みです。

オカム台

第16話

第16話

the band apartのベーシスト
原昌和さんが
中学生のときのこと
なあなあ
まーちゃん
「オカムロ」って
知ってる?
オカ…?
なんだそれ
知らねえよそんなもん
その「オカムロ」って
名前を聞くと、
夜聞いた奴の
部屋に来るんだって
来る?
だれが
来るんだよ

だから、
オカムロだよ
なんなんだよ
それ
来るって
どういうことだよ
夜寝てると、
部屋の戸や窓を
トントン叩いてくるんだって
あ?
それで
どうすんだよ
叩かれたら、
「オカムロ、オカムロ、
オカムロ」って、
3回唱えないと
連れていかれるんだよ
連れて
いかれる?
どこにだよ

そりゃ、あの世に決まってんじゃんか
知らねえよ
もうなんなんだよ、その話
今、まーちゃんも俺から話聞いたから、オカムロ来るよ気をつけろよ
ふざけんなよ
そんなもん来るわけねえだろ
オカムロ、を3回だからな忘れんなよ
いい加減にしろよ
なに、つまんねえもん信じてんだよ

その夜
トントントン

原さんは
母親だと
思った
なんだよ
うるせえな…
トントントントン
母ちゃん、
なに？
トントントントン
トントントントン

え？まさか本当に
オカムロなのかよ…!?
オカムロ、オカムロ、オカムロ…！
ガチャリ
別室の母親は熟睡していた
スー スー

原さんが、足跡など
オカムロの痕跡がないか
家の中を調べてみると
あっ
玄関にあった原さんの靴に、
溢れそうな擦りきりいっぱいの水が
溜まっていた

tsurugimikito 【追記】
「the band apart」のベース・原昌和さんの体験談。原さんは怪談師としての顔もあるので、原さんからこの話を聞いたことのある方もいらっしゃるかもしれません。原さんの怪談の中ではマイナーなものじゃないかと思いますが、個人的にすごく好きな話です。
私は、ベースを弾くピックの厚さを原さんの真似をしていたり（原さんは日本一ピック弾きの美しいベーシストです）、原さんの考え方にかなり影響を受けています。原さんはかなりロジカルな方で、「ビンテージ楽器だから木が鳴るなんていうのはオカルト」みたいな、楽器界の常識に一石を投じるようなものの見方をしている方なのですが、こっちのオカルトは決して否定していないのが面白いなと思います。ご自身の不思議な体験がそうさせているんじゃないかと思いますが、純粋に怖い話が好きなんでしょうね。私も同じような感じなので、心から尊敬する先輩です。
ちなみに私は 20 年音楽をやってきて、the band apart と同じライブに出たこともありましたが、原さんと仲よくなれたのは怖い話きっかけです（笑）。ありがとうございました。

第17話

13階段

第17話

渋谷クラブマルコムの店長で
DJとして活躍する
ヌ・ヒカルさんは
怖い話が好きで
怪談ショーレースでも
活躍している
とくに13階段にまつわる話が
好きで、階段の段数を意識的に
数えていた時期もあった
しかし、13階段は縁起が悪く
建設当初から避けられるため
実際はほとんど存在しない
そんないわくつきの
13階段に一度だけ
遭遇したことが
あったという
あるとき
大学の友人の家に
遊びに行った
ここだよ
そこは立方体の2階建て、
各階に2部屋ずつのコンパクトな
デザイナーズマンションだった

おしゃれな建物だな
1、2、3…
11、12…
わ、ここ13階段だ!
101
102

!?
これ、202号室…?
あー、それ
俺が越してきたときから埋められてて、人が住んでないんだ
こんなの明らかにおかしいだろ なんかやばいんじゃないの?
コツコツ
でも、俺住んでるけど なにかあるわけじゃないしなあ
まぁ、大家に聞いてみるよ

喫茶
コンタクト
アイクラブ
ヒカル、202号室のことだけど、大家は教えてくれなかったけど不動産屋から聞き出したよ
えっマジで？
あそこなあ、女子大生が住んでたんだけど
部屋で亡くなったんだって
202
それで特殊清掃の人が片づけに来たんだけど
しかもそれが、餓死なんだって
こんな時代におかしいだろ

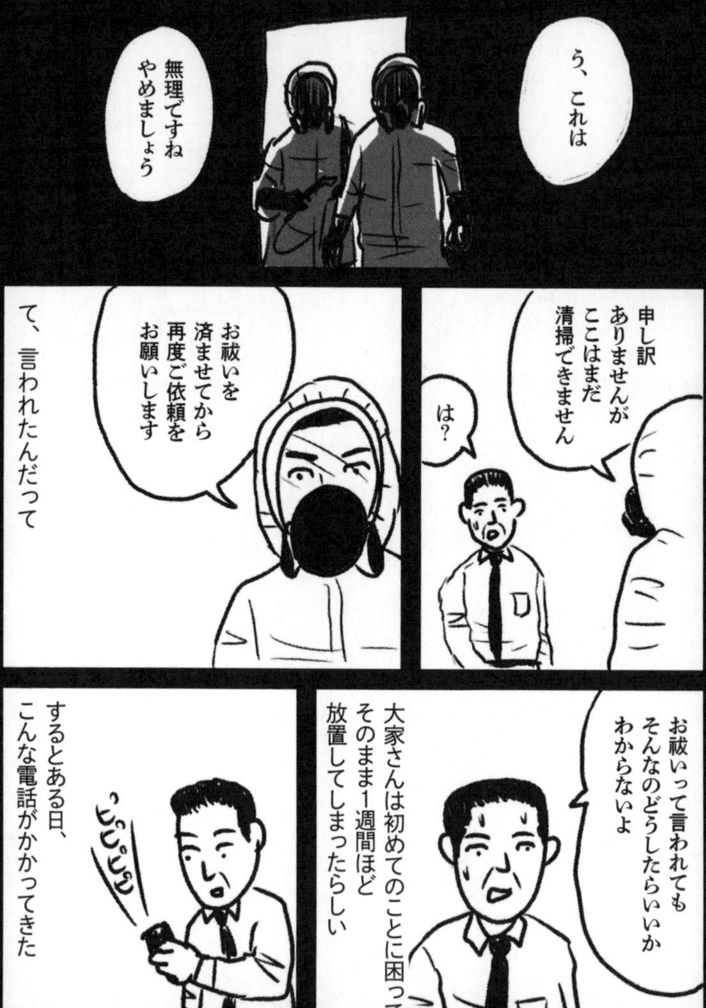
う、これは
無理ですね
やめましょう
申し訳
ありませんが
ここはまだ
清掃できません
は？
お祓いを
済ませてから
再度ご依頼を
お願いします
て、言われたんだって
お祓いって言われても
そんなのどうしたらいいか
わからないよ
大家さんは初めてのことに困って
そのまま1週間ほど
放置してしまったらしい
ピピピピ
するとある日、
こんな電話がかかってきた

201号室を
お借りしている
Yの母ですが…
息子とまったく連絡が
とれないんです
部屋を見て
いただけませんか
202号室で
女子大生が餓死した
ばかりなのに
201号室でも
なにかが起きて
いるというのか
201
202

201
あっ
まだ生きてる、
よかった…
き、
救急車だ！
同じく大学生だった
201号室に住んでた奴は
家にある食べ物にも
水にも手をつけず
栄養失調と脱水症状で
見つかったんだって

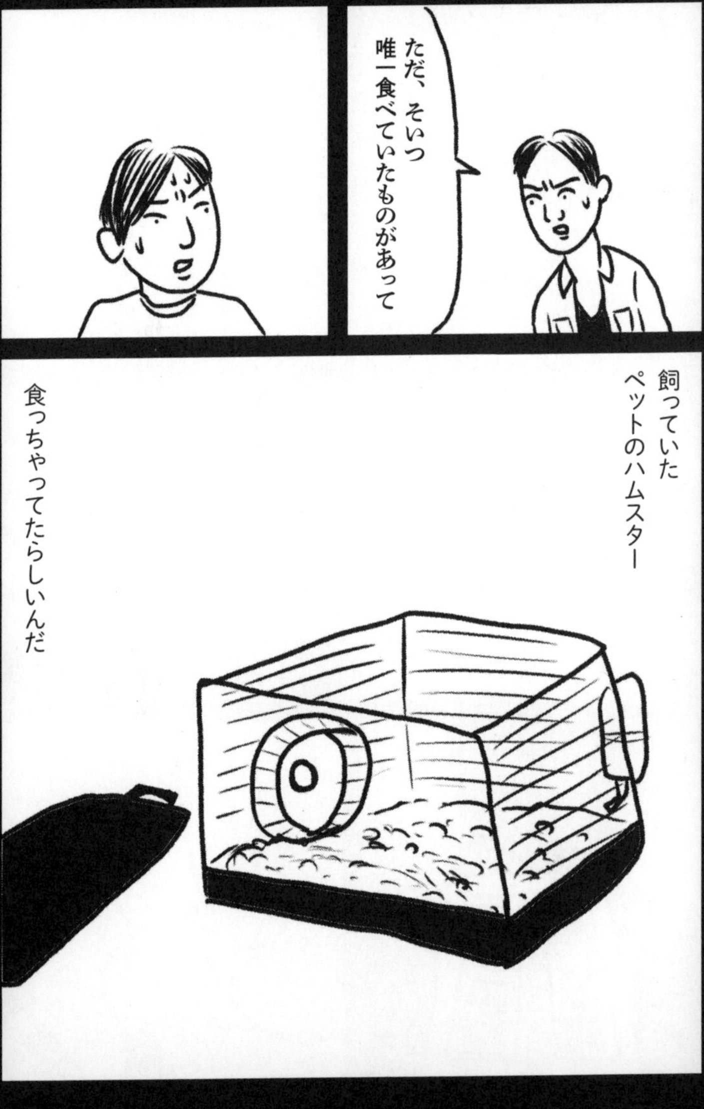
ただ、そいつ
唯一食べていたものがあって
飼っていた
ペットのハムスター
食っちゃってたらしいんだ

大家はさすがにまずいと思い
慌ててお祓いのできる人を探して来てもらったんだけど
ああ、これは…
申し訳ないですがここを祓うことはできませんね
は？
あのお部屋…202号室ですか？
まずあそこが霊道となっていて
もうすでに悪いものが溜まっているので、祓っても変わらないでしょう
そして、
このままですと101と102の方も
おそらく死にます

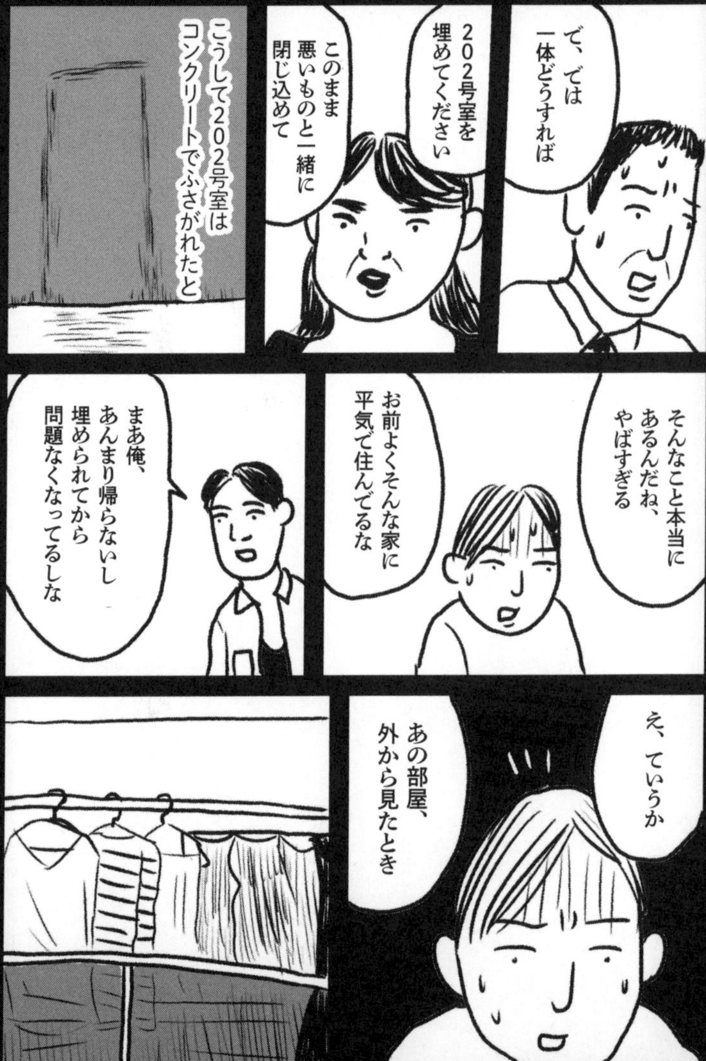
で、では
一体どうすれば
202号室を
埋めてください
このまま
悪いものと一緒に
閉じ込めて
こうして202号室は
コンクリートでふさがれたと
そんなこと本当に
あるんだね、
やばすぎる
お前よくそんな家に
平気で住んでるな
まあ俺、
あんまり帰らないし
埋められてから
問題なくなってるしな
え、ていうか
あの部屋、
外から見たとき

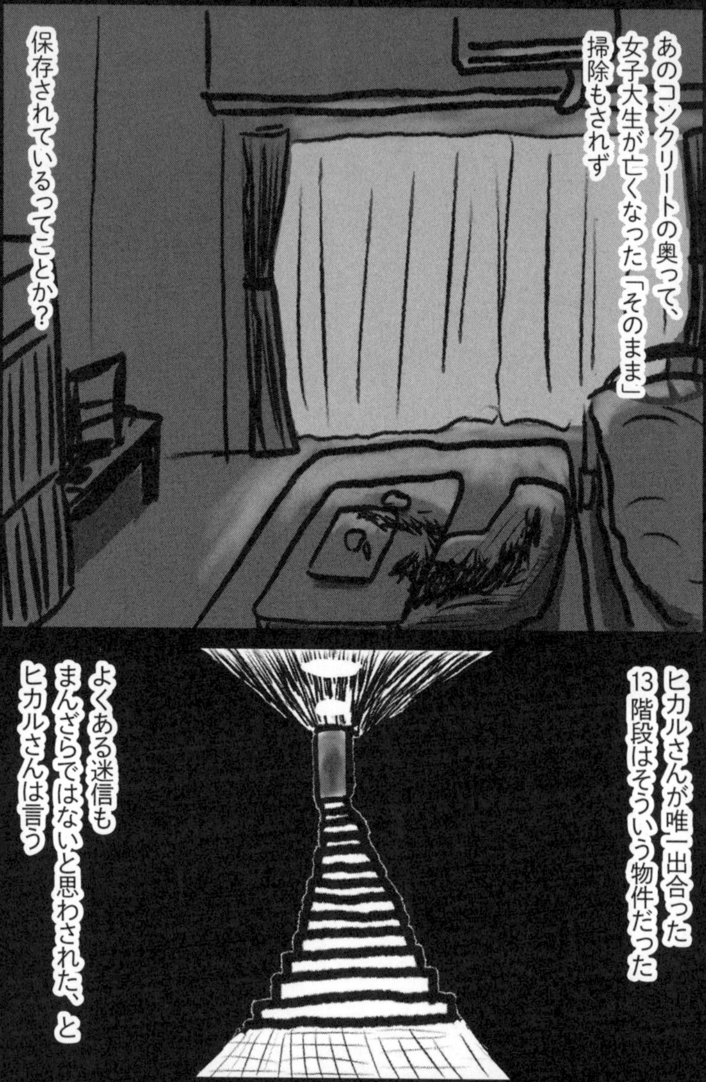
あのコンクリートの奥って、
女子大生が亡くなった「そのまま」
掃除もされず
保存されているってことか？
ヒカルさんが唯一出合った
13階段はそういう物件だった
よくある迷信も
まんざらではないと思わされた、と
ヒカルさんは言う

tsurugimikito 【追記】
ハロプロ縛りのDJイベントでBEYOOOOONDSなどかけてはしゃいでいたら、会場だったClub Malcolm店長であるヒカルさんが怪談師もやってる、ということで教えてもらったヤバい話です。この話もヒカルさんが怪談ショーレースに出た際に語っているので、知っている方もいるかもしれませんが、好きすぎて漫画にしたい衝動を抑えられませんでした。今なら、「この魚を見てるとね、描きたくなっちゃうんですよね～」と言っていた片岡鶴太郎さんの気持ちがわかります。
もうこんな物件が存在すること自体が怖すぎるのですが、実際に前の住人が死にかけた隣の部屋に住み続けている友人のアイアンハートにも恐怖を覚えます。なんでこういう人がいるんでしょうね？ うちのバンドのオータケというギタリストも、家賃が安いからという理由で訳あり物件を渡り歩く生活をしているんですよ。「今回の部屋は、お風呂でお婆さんが亡くなった物件です」とか平気で言って。そのくせ、山にはスピリチュアルななにかを感じるそうです。
この話、ハムスターが食べられてしまっているのが本当にショッキングに感じる人も多いようです。私も動物好きとして同じ気持ちなんですが、そこはハムスターを食べたおかげで、この大学生がギリギリ死なずに済んだ、と考えるようにしています。ありがとうございました。

Bonus
track

新作怪談

怪談は世相を映す。令和では廃屋や公衆電話ではなく、新築のペンシルハウスやスマホで怪奇現象が起こるのだ。2023年最新の新作描き下ろし！

Bonus
track

第18話 はいっちゃダメ

第18話

この単行本は、『首吊り人形の廃墟』で怪異を体験したボギーさんが自ら装丁をしてくれている。そんなボギーさんから、さらに不思議な体験を教えてもらった
今から5年ほど前、ボギーさんが都内某所に住んでいたときのことである
近所に二世帯家族で経営している昔ながらの酒屋があり、よく利用していた
外で孫娘とその友達がいつも遊んでいるような明るく賑やかなお店で、近隣住民たちの憩いの場であったという
おじちゃんいつものビールこっちね
はいはいありがとう
そういや工事してた隣の家、完成したよ見たかい？

その家はやたら細い、
いわゆるペンシルハウスと呼ばれるものだった
あの家、デザイナーズなんだってよ！住んでるのは爺さんなんだけど、しゃれた家建てるからびっくりだよ！
まぁ、年寄り1人で心配だから、見かけたら声かけるようにしてるんだよ
そうなんですね
それから半年ほど経ったある日、
酒屋にボギーさんが立ち寄ると
隣の爺さん、亡くなったよ
えっ

電気はずっとついているものの、
家主をしばらく見かけていないことに
不安になった店主が警察に連絡し、
一緒に入って確認したという
数か月後、
家主不在のペンシルハウスには見学会の
ノボリが立っていた
住宅見学
家の幅とデザイナーズの内装に
興味のあったボギーさんは
妻に見に行かないかと提案したが
そんな
事故物件
一歩も
入りたないわ
1人で行ってみる
ことにした
どうぞ
どうぞ!
ほとんど
新築ですよ!

ではご案内します
おお…
確かにほぼ新築くらい綺麗…でもこの幅の狭さは…
案内というかただ一本道を行くだけのような
あ、
いかがですか！本当に綺麗ですよね！
おっと
サッ
あの…その汚れって
すみません、これだけはどうしても取れなかったんですよね〜ハハハ

ここに住むのは
絶対無理やろ…
ゾクゾク…
お、見学会
行ったの？
どうだった？
はいっちゃ
ダメーーッ
ビクッ
ど、どうした
いつもの
おじちゃんだよ
も、
もしかして…
隣のお爺さんが
入ろうと
してるの？

違うよ！
怖い女の人!!
その家は
やがて買い手がついたが
どんどんお札が貼られて
異様な雰囲気となり、
今は賃貸になっているという

tsurugimikito 【追記】
ヒカルさんの話もそうでしたが、事故物件系の怪談はコロナ禍においてかなり流行った印象です。複数人が集まって心霊スポットを訪れるようなアウトドア怪異は体験しにくい時期だったので、ただ住んでいるだけで理不尽に巻き込まれるインドア怪異の方がリアリティがあったのでしょう。怪談は世相を反映するのです。
この話は私にとって、都市部の狭い土地では重宝されているペンシルハウスが事故物件の舞台となったところが、あまり聞いたことがない独特の雰囲気を醸していて印象的でした。まあ、ペンシルハウス自体になにか問題があるわけでは全くないのですが、幽霊に出会っても逃げ動線が悪そうな気がします。
また、これからの超高齢化社会、新築だろうがペンシルだろうが、あらゆる物件で単身高齢者の孤独死が大爆増することも避けられないと思います。亡くなったお爺さんのご冥福をお祈りします。
それにしてもボギーさんは首吊り廃墟に続き、またこんな体験をしてしまったんですね。ホラー漫画の装丁をするのにこんなぴったりなブックデザイナーさんはいないのではないでしょうか。ありがとうございました。

tanakahideyuki 【追記】
ボギーです。本人です。このときは帰ってすぐ妻に玄関外で塩をたっぷりかけてもらいました。すぐにでもギンティさんに報告して家の中でこっくりさんをしてもらおうと思っていたら家は売れてしまいました。１年おきくらいで入居者が代わってたので、なにかはあるんでしょうね…。

続・留守番電話

第19話
第19話

友人に村上大輔というSax奏者がいるのだが
僕、友達に不思議な体験をした子がいるんすよ
そうして紹介してもらったのが、大阪に住むAさんだった
3年前、東京に住んでいたときに、友達と怪談バーに行ったんです
そこでAさんと友人は、怪談師・村上ロックさんの「留守番電話」という怪談を聞いたという
それはロックさんが20年前に体験した、「知らないお婆ちゃんからの留守番電話」が現在も別の人にかかってきていることに始まる、いわゆる「伝染する怪談」である
聞いちゃったからうちらのところにかかってきたら嫌だなー
しかしAさんはとくに気にしなかった
幽霊を信じていないのもあったが、彼女は留守番電話サービスにそもそも入っていなかったのだ
それからおよそ3か月後のことである

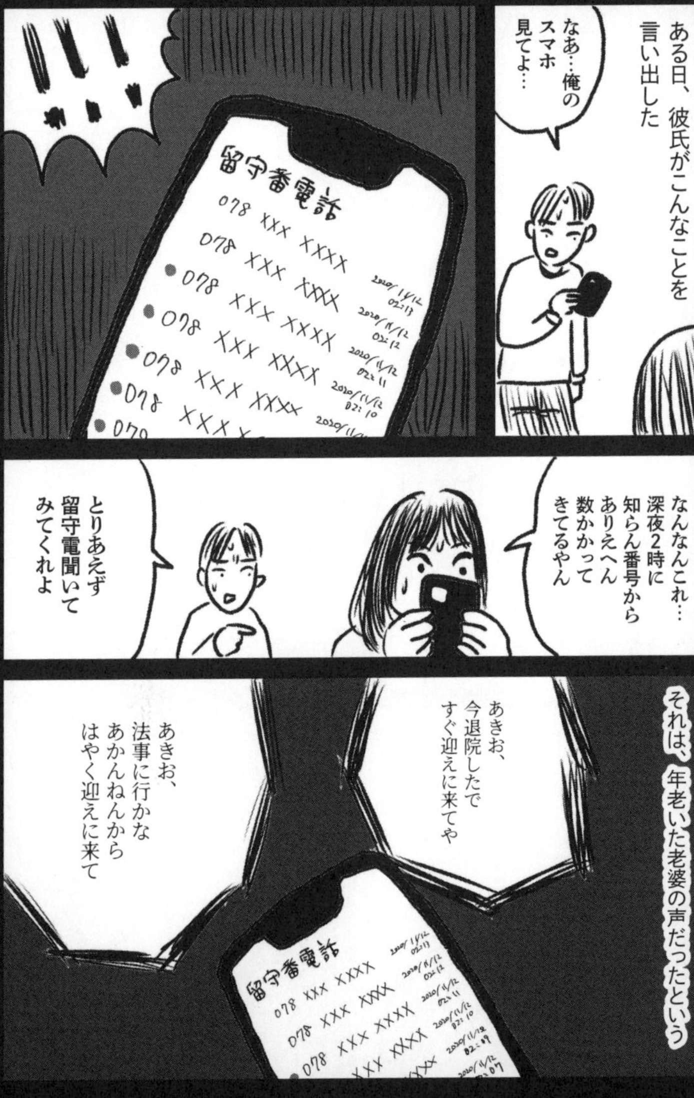

ある日、彼氏がこんなことを言い出した
なあ…俺のスマホ見てよ…
留守番電話
078 XXX XXXX
なんなんこれ…深夜2時に知らん番号からありえへん数かかってきてるやん
とりあえず留守電聞いてみてくれよ
それは、年老いた老婆の声だったという
あきお、今退院したですぐ迎えに来てや
あきお、法事に行かなあかんねんからはやく迎えに来て

11011
Aさんは、すっかり忘れていた
3か月前の、ロックさんの話を
思い出した
これって
私が
留守電の
契約してないから、
彼氏の
とこにきたん？
しかも、
その彼氏への深夜の電話は
1か月ほど毎晩続いた
というのである
さすがに彼氏も
参ってしまったため、
Aさんが思いきってかけ直して
みることにした
プににに
ガチャ
出た！
もしもし
あきおかい？
はよ
迎えに来てや
お婆ちゃん、
電話する人
間違えてますよ
わたし、
あきおさん
ちゃいます
からね
そんなんいいから、
法事行くねんから
迎えに来てや
Aさんは老婆と会話はしたが、
まったくかみ合わなかったという

Aさんがこの話を
一緒にロックさんの
話を聞いた友人に
伝えてみると
一緒にもう一度
こっちからかけて
みようよ
やっぱり
出た!!!
もしもし、
あきおかい?
はよ迎えに来てや
お葬式に行かな
あかんねんから
キャアッ
そのときは、
今までずっと「法事」だったものが
「お葬式」に変わったことで、
Aさんは怖くなって電話を切ってしまった
その後、実家に戻ったAさんは
母親にもこの話をした
お母さん、
だれか認知症の
親戚のお婆ちゃんとかに
私と間違えて
彼氏の電話教えたり
してない?
ちょっとあんた、
そんなんお母さんにも
かかってきたら怖いやんか

村上ロックさんの話から考えると、この老婆は20年以上前からずっとこの電話をだれかにかけ迎えを待っている、とAさんは言う
彼女は、一度本当に迎えに行ってみたい気もしているが、母親に止められているらしい
2か月ほど経ったとある朝のことだった
ねえ、A
昨日の夜中にわたしのスマホに入ってた留守電…
あんたが言ってた人と同じ人か聞いてみてくれる?

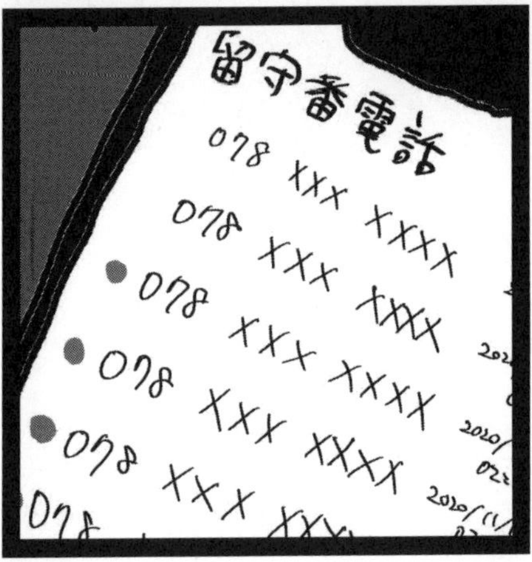

tsurugimikito 【追記】

今回、描き下ろし作品を選ぶにあたり、なかなかこれ！というものに巡り合えませんでした。人気ミュージシャンの体験などもあったのですが、なるべく既出でなく、自分が納得できる本当に怖い話を…と思っていたら、締切ギリギリで村上大輔に紹介してもらったAさんの話が特大の当たり！ 怖い目に遭ってる人に会えて大喜びもどうかと思いますが（笑）、嬉しいのと怖いのとで、震えが止まらなくなりました。
この話は、どこまでも認知症のお婆さんがいろんな人に電話をかけているだけという可能性が捨てきれない部分もありますが、こういう伝染してゆく系の話で、本当に伝染している人に会ったためしがないのでかなり驚きました。番号を教えてもいないのに、彼氏にもお母さんにも同じ人からかかってきているのは、偶然とは思えないですよね。しかもそのお婆さん、ロックさんの話から考えると少なくとも20年前から活動キャリアがあるわけで…。
Aさんは、「言っていることも微妙に違うし、ロックさんの話と同じお婆さんなのかはわからない」とは言ってましたが、別のお婆さんに受け継がれていたらそれはそれで怖いです(笑)。ただ、ロックさんの話にはちょっとそういう要素もあるんですよ…。ぜひネットにあるので調べてみてください。
Aさんは確かめに行きたいのをお母さんに止められてると書きましたが、今回も私が漫画にすることをお母さんに伝えたそうです。そうしたらお母さんが「専門家の人がなんとかしてくれるなら助かるわ！」と言っていたらしいんですが、お母さん、私、専門家ではないのでなにもできないですよ…。むしろ数か月後に電話がきたらどうしようと思っています。ありがとうございました。

henshu_hosoku

この話の原稿が送られてきたのは深夜2時でした。ありがとうございました。

おわりに

ここ数年、何度目かの怪談ブームが起きています。ショーレースが多く開催され、アイドル的人気の怪談師（多くはおじさんですが）も続々出てきて、イベントでもファンの方々の熱気を感じます。そして、密かに私の身の回りでは怪談と音楽のクロスオーバーも起きています。

ショーレースで注目を集めたthe band apartの原昌和さんを筆頭に、ユタの血を引くHalf-Life/らせん。の上里洋志さん、「元火葬場職員の下駄花緒さんもミュージシャンですし、「アシタノホラー」プロデューサーのApsu Shuseiは大阪時代から私がよく知ってるバンドの元メンバーであったことも判明しました。

さらに怪談師の住倉カオスさんは、なぜこれまで音楽をやってこなかったのか不思議なくらいのギタリストで、最近は名うてのミュージシャンたちと日々セッションを繰り広げていますし、怪談作家の高田公太さんは、10年前に音楽イベンターとして出会った人でした。そんなの、音楽やってて怖い話が好きなら、気にならない理由がありません。

私は幼少期より怖い話が大好きだったのですが、10年前にライターのギンティ小林さんに誘われて心霊スポットロケに参加したり、世田谷の家の体験があったりで、自分の中の心霊欲求はピークを迎えました。それが引っ越し・結婚・子育てで落ち着いてしまっていたのですが、近年の怪談ブームでまた熱が高まり、先に述べたように音楽界隈と近かったことも後押しとなって、自分の画力的に踏み出していなかった「怖い漫画」をInstagramで描いてみようと思ったのがこの作品のきっかけです。

当初は、自分の強みを活かすべく、音楽関係者の体験に絞って描きたかったのですが、自分が怖いと思う基準に達するものはなかなか見つかりませんでした。また、漫画になったときに怖いものと、話で聞いて怖いものも、また違います。なので、自分の学生時代の友人の体験なども、久しぶりに連絡したりして掘り起こしていきました。なかなか怖いものばかりではないかと思うのですが、いかがだったでしょうか。

いろいろな怪談師の方の話を聞いていると、皆さんチョイスにどこか決まった方向性を感じます。これは、その人が怖いと感じるものが違うからだと思うのです。そう考えると、怪談師はDJ／セレクターに似ています。「あのDJの選曲いいよね」という感覚が、怪談にもあるのだと思います。ぜひ、私の選んだ怪談を、私と同じように怖いと感じてくださる方が、この本を手に取っていただけていたら嬉しいです。

最後になりましたが、この本のために協力してくださった皆さんに心より感謝を申し上げたいと思います。

一緒に怖い目に遭った神聖かまってちゃんのみんなとタカ吉田くん、怖い体験を教えてくださったhmc池田さん、高校のとき3年3組だったSくん、大学の友人のYさん、Tくん、Mさん、Kさん、ハセ、倒産したS株式会社のMさん、もう音楽やめちゃったSさん、ヨルズマギー、赤犬ロビンさんとメンバーの皆さん、ha-gakure ヤスさん、バンアパ原さん、クラブマルコムヒカルさん、大輔の友達のAさん、そして、今回の本には入らなかったけど、怖い体験を教えてくださった皆さん、本当にありがとうございます。皆さんに嬉しいこと、楽しいことがいっぱいありますように。

鉄人自ら取り分けるが如く、体験者自らブックデザインをしてくれたボギーさん、ESSE編集部なのになぜか暮らしに全く役立たない本を企画して下さった扶桑社の市原さん、お二人のおかげで禍々しい本が世に出てしまったこと、言葉に尽くせない感謝の気持ちでいっぱいです。本当にありがとうございました。なにか怪異があったときは一緒に乗り越えましょう！

そして、Instagram で読んでくださった皆さん、この本を手に取ってくださった皆さんに心より感謝いたします！ 怪のリディムに、グルーヴに、ビートに身を委ねて、眠れなくなったり夜トイレに行けなくなったりしてください！ ありがとうございました!!

2023年6月25日　劔樹人

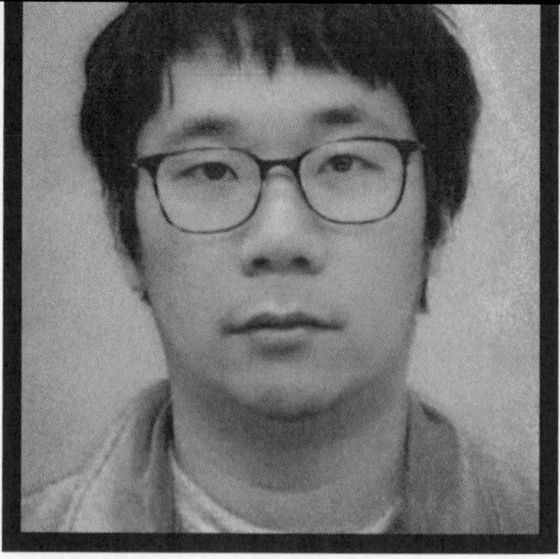

tsurugimikito　劔 樹人

1979年、新潟県生まれ。大阪で大学時代より音楽活動を始め、2009年、ロックバンド「神聖かまってちゃん」のマネージャーとなる。「あらかじめ決められた恋人たちへ」「和田彩花とオムニバス」のベーシストとしても活動。狼の墓場プロ所属。著書に『あの頃。男子かしまし物語』（イースト・プレス）、『高校生のブルース』（太田出版）、『今日も妻のくつ下は、片方ない。妻のほうが稼ぐので僕が主夫になりました』（双葉社）など。Instagram（@tsurugimikito）でホラー漫画を連載中

Staff

デザイン／田中秀幸（Double Trigger）
校正／小出美由規
編集／市原由衣

怪のリディム

発行日　2023年8月18日　初版第1刷発行

著者　劔樹人
発行者　小池英彦
発行所　株式会社 扶桑社
〒105-8070
東京都港区芝浦 1-1-1　浜松町ビルディング
電話　03-6368-8873（編集）
03-6368-8891（郵便室）
www.fusosha.co.jp
印刷・製本　中央精版印刷株式会社

定価はカバーに表示してあります。

ISBN978-4-594-09523-9